Segurança Empresarial: conceitos e ferramentas desta atividade

Cláudio dos Santos Moretti

CES - ASE

Moretti, Cláudio dos Santos.

Segurança Empresarial: conceitos e ferramentas desta atividade. USA. Monee, Illinois. Editora: Independently published. 2020.

ISBN: 9798686292352

Sumário

Prefácio

Através da leitura deste livro, o leitor poderá identificar e refletir sobre a evolução da segurança privada no Brasil e como a Segurança Empresarial foi, necessariamente, crescendo e se desenvolvendo com a finalidade de proteger as empresas, não apenas na segurança do patrimônio físico, mas também dos ativos intangíveis, hoje tão valiosos para qualquer empresa,

Os meios de ataques aos negócios possuem ampla ramificação e a imagem e reputação da empresa pode valer muito mais do que todos os seus ativos físicos.

No Brasil, a partir da Lei 12.846/13, chamada de Lei Anticorrupção, trouxe outras preocupações para o gestor de Segurança Empresarial, tendo em vista as pesadas sanções às empresas e a necessária conscientização dos colaboradores.

A Inteligência empresarial ou competitiva é uma outra forma do desenvolvimento de uma atividade milenar, hoje aplicada amplamente aos negócios e à Segurança Empresarial.

A elaboração de cenários prospectivos, cada vez mais aprimorados e aplicados neste segmento, demonstra o desenvolvimento da Segurança Empresarial, trazendo resultados aos planejamentos estratégicos da empresa, lançamento de novos produtos, mas também na identificação de novos riscos e na proteção de ativos do negócio.

Além disso, algumas ferramentas desenvolvidas a partir dos comportamentos das pessoas e, posteriormente, aplicadas na segurança pública, ainda que de maneira isolada e pouco divulgada, serviu para a adaptação dessas ferramentas na segurança empresarial trazendo grande aplicação prática e eficácia.

O livro é uma coleta de diversos artigos já publicados que tratam desses temas, tão relevantes nos dias atuais, e objetiva o desenvolvimento do gestor de segurança, principalmente no início das suas atividades profissionais, para que a partir desta pequena amostra, possa induzi-lo para a pesquisa de novas ferramentas e aprimoramento profissional. Boa leitura!

SOBRE O AUTOR

Ex-sargento do Exército (1980-1987); Graduado em Gestão Empresarial – UNIMONTE – Santos (2003) e Tecnólogo em Processos Gerenciais - FAEL. Especializado em Gestão da Segurança Empresarial – MBA - FECAP/Brasiliano; Pós-graduado em Gestão de Crises Corporativa, - Universidade Gama Filho; Pós-graduado em Inteligência Estratégica - AVM; MBA em Gestão da Qualidade; MBA Executivo em Gestão de Pessoas; Gestión de Seguraridad Empresarial Internacional pela Universidad Pontificia Comillas, realizado em Madri, ES; Especialista em Gestón del Riesgo pelo IUGM – Instituto Universitário General Gutiérrez Mellado de la UNED Centor de Estudios de Seguridad (GET). Diversos cursos de extensão universitária. Professor da FAPI/FESP-SP/Brasiliano INTERISK no Curso Avançado em Segurança Empresarial – MBS, (2005 – 2019); foi professor do Curso de Gestão em Segurança da Universidade Monte Serrat (2005 – 2008) – UNIMONTE; foi professor do Curso Graduação Tecnológica de Gestão em Segurança Privada - UNIP/Santos (2009 – 2016); Autor de sete DVDs sobre segurança, editados pelo Jornal da Segurança; Articulista em diversas revistas

---

especializadas com mais de 100 artigos publicados. Trabalhou na Petrobras, (1987 – 2016) no setor de Inteligência e Segurança Corporativa (aposentado - 10/2016); Foi Coordenador da Escola Falcão – Centro de Formação e Treinamento de Segurança – Santos – SP (1999 – 2008); Membro da Associação dos Diplomados da Escola Superior de Guerra (ADESG); Perito judicial em gestão empresarial. Autor de dois livros didáticos da KROTON Educacional para cursos presenciais e EAD de Gestão de Segurança Privada nas universidades: Segurança bancária e transporte de valores, 2017. - Negociação e gestão de conflitos de segurança, 2018. Certificado de Administrador de Segurança Empresarial (ASE) pela Associação Brasileira dos Profissionais de Segurança Empresarial – ABSEG; Certificado de Especialista em Segurança Empresarial (CES) pela Associação Brasileira de Segurança Orgânica – ABSO; Professor em diversos cursos do SESVESP – (2013 – 2019). Autor de 12 cursos EAD para IBRAGESP; 03 para Senhora Segurança; 01 para KROTON e 01 para ABSEG.

A NECESSÁRIA ATUALIZAÇÃO DA SEGURANÇA PRIVADA DO BRASIL

Breve histórico:

Se observarmos a criação e desenvolvimento da segurança privada no Brasil, veremos que ela ocorreu em razão da situação de ameaça ao Estado.

Isso ocorreu na década de 60, naquela época os problemas eram relacionados à "segurança nacional" devido aos constantes assaltos a bancos por guerrilheiros que queriam tomar o poder do país através da força.

Ainda na década de 60, foram criadas 19 organizações clandestinas com cerca de 1.400 militantes armados para mudar o regime do Brasil.

Em janeiro de 1968, ocorreu o primeiro assalto a banco, efetuado pelo grupo esquerdista ALN - Ação Libertadora Nacional.

Para se ter uma ideia do crescente avanço da luta armada no país, e, consequentemente, dos assaltos as agências bancárias, veja a evolução dos números no estado de São Paulo.

Em 1967 houve 02 roubos a banco, em 1968 foram 11 roubos a banco e em 1969 foram 62 roubos a banco.

Os roubos a banco ocorriam devido a necessidade de dinheiro para treinar os militantes, em sua maioria estudantes, para aturem como guerrilheiros.

Com o crescente número de roubos a bancos, o governo decidiu reforçar a segurança nas agências bancárias.

Foi então que, através dos Decretos-Lei nº 1.034, de 09 de novembro de 1969 e nº 1.103, de 03 de março de 1970, as empresas de segurança e vigilância armada privada, surgiram em nosso País. Tal medida tinha como objetivo principal, inibir as ações desses grupos políticos de esquerda que buscavam recursos em assaltos a estabelecimentos bancários para financiamento de sua causa revolucionária.

Fiscalização:

Á época, a fiscalização ficou a cargo das secretarias de segurança pública dos estados.

Com a criação da Lei 7.102/83 e com a publicação da Lei nº 9.017/95, o dever de fiscalizar e controlar as empresas de segurança privada passou a ser da Polícia Federal e continua até hoje.

As atividades das empresas de segurança privada também foram alteradas, passando não apenas da atuação em instituições financeiras (origem das empresas de segurança privada), mas para outras funções como a de segurança pessoal, escolta armada e transporte de valores, além de serem exercidas em indústrias, shoppings, residências, etc.

Posteriormente, com a publicação da Portaria 992/05, em outubro de 1995, os cursos e as grades curriculares destes cursos, além das demais exigências e especificações foram instituídas para as empresas de segurança especializadas e orgânicas.

Hoje vivemos uma situação diferente, mas sem dúvida a sensação de insegurança da população, principalmente nos grandes centros urbanos é visível.

A sensação de insegurança do país alavanca o crescimento das empresas de segurança privada e exige uma melhor preparação do seu contingente.

O Departamento de Polícia Federal, responsável pelo controle das empresas de segurança privada, publicou em setembro de 2006 a Portaria 387 que alterou a Portaria 992/95, atualizando-a e alterando a formação dos vigilantes.

Em dezembro de 2012 foi publicada a Portaria 3.233/12, alterada pela Portaria nº 3.258/2013 – DG/DPF, publicada no D.O.U em 14/01/2013, alterada pela Portaria nº 3.559, publicada no D.O.U. em 10/06//2013.

Paradoxo da regulamentação:

Nós vemos os dois extremos da segurança privada. De um lado está a regulamentação do vigilante, inclusive para utilização dos cães da segurança privada.

Do outro a falta de regulamentação para os supervisores e gestores de segurança.

Hoje uma pessoa para ser vigilante necessita cumprir uma série de requisitos legais, tanto com relação à documentação, provando ser uma pessoa idônea, que está apta física e psicologicamente, além de frequentar e ser aprovado no curso de formação.

Já para ser o gerente de uma empresa de segurança, por exemplo, nada lhe é exigido, nem curso, nem formação especifica, ou qualquer outra qualificação. Não há nenhuma regulamentação em vigor.

A única exigência para gerentes, sócios, administradores e diretores de empresa de segurança privada, prevista na Portaria 3.233/12 é estar em dia com as obrigações militares e eleitorais, além de não ter condenação criminal registrada.

Para os supervisores a Portaria 3.233/12 trouxe a seguinte redação:

Art. 83. As empresas de curso de formação <u>poderão</u> ministrar cursos de supervisão de segurança ou similares e outros cursos de segurança <u>não previstos nas grades curriculares</u> anexas a esta Portaria, <u>não sendo realizado o registro profissional</u> e o <u>registro do certificado de conclusão do respectivo curso no DPF</u> (grifo nosso).

Ou seja, o curso não é obrigatório, como é o caso do vigilante, e nada lhe é exigido! Ele pode ter curso de mecânico, padeiro, pedreiro, administração ou direito, tanto faz.

A sociedade organizada tem se mobilizado para preencher esta lacuna, colaborando para a aprovação do Estatuto da Segurança Privada, que, entre outras coisas, criará a figura do Gestor de Segurança e do Supervisor de Segurança, entre outras.

Desse modo, é importante a participação das associações e sindicatos para a construção do estatuto (que será uma Lei) de acordo com as necessidades do nosso segmento e, com isso, trazendo uma maior profissionalização da segurança privada do Brasil, de modo a atender os anseios da sociedade como um todo.

Para os profissionais de segurança, é necessário o engajamento neste processo, participando dos sindicatos e associações. Não adianta ficar apenas assistindo e reclamando sem associar-se a uma entidade de classe, que é quem pode interferir diretamente neste processo. Ademais, o número de associados dessas entidades é que fortalecem as suas vozes. Que lhes dão representatividades.

Concluindo:

Portanto, não adianta ficar apenas reclamando de "certas situações" da empresa, da falta de qualificação, da falta de oportunidade ou dos legisladores incompetentes. A hora é de participação, de envolvimento para não ficarmos reclamando depois.

Isso me lembra uma frase com a qual quero concluir este texto. Ela é de Martin Luther King, um dos mais importantes líderes do ativismo pelos direitos civis, que pedia pela paz, mas sem deixar de lutar pelo que acreditava e esta frase é de sua autoria: *"Talvez não tenhamos conseguido fazer o melhor, mas Lutamos para que o melhor fosse feito"*!

QUEM É O RESPONSÁVEL PELA SEGURANÇA EMPRESARIAL?

Essa é o tipo de pergunta feita por pessoas que "não são da área".

A resposta está na ponta da língua de qualquer pessoa que tenha um mínimo de "relacionamento" com a segurança corporativa ou que tenha frequentado qualquer palestra sobre o assunto na empresa.

A resposta vou logo adiantando: **a responsabilidade pela segurança, independentemente do tipo de organização, ela é de todas as pessoas**.

Não há como proteger tudo e todos ao mesmo tempo se não houver colaboração, participação e, em muitos casos, comprometimento das pessoas envolvidas. E quem são as pessoas envolvidas? São as pessoas que trabalham na empresa, as que têm interesse em seus negócios e, obviamente, aqueles que têm a segurança como missão e/ou atividade fim.

A base para todo o desencadeamento desta cultura de segurança deve começar pela Política de Segurança Corporativa. Dela e de sua disseminação a todos os envolvidos é que partirão os procedimentos, treinamentos, palestras e trabalhos de conscientização.

A Política de Segurança é um documento formal, assinado pela alta administração da empresa e dá "um norte" para todas as ações da segurança e contribui para a criação da cultura de segurança.

Ela não é um documento reservado, deve ser difundida e entendida por todos.

A cultura de segurança não é criada por documento, mas por ações. A difusão da Política, de Normas e Procedimentos de segurança é que acaba por criar esta cultura. Daí a importância do endomarketing que deve ser alavancado pelo setor de segurança em conjunto com o setor de RH e de Comunicação da empresa.

Neste ponto é bom ressaltar que nosso segmento, salvo honrosas exceções, não tem como pratica ou *know-how*. Certa vez ouvi uma frase em relação a isso que acabei memorizando: *"vocês são como patas, que botam ovos e ninguém fica sabendo. Deveriam fazer como a galinha, que quando bota um ovo todo mundo sabe"*.

Acredito que em muitas ocasiões esta frase poderia ser utilizada, isso contribui para a disseminação de práticas de segurança, além de ser essencial quando da implantação de um novo procedimento ou sistema de segurança.

A abertura de um canal de comunicação com a segurança corporativa pode trazer muitos benefícios e alertas a fatos antecipatórios que auxiliam na implementação de "esquemas de segurança", evitando sermos pegos de surpresa.

Com a participação das pessoas, a segurança acaba tendo seus subsistemas mais fortalecidos e identificando vulnerabilidades que a equipe de segurança não identificou.

Para dar alguns exemplos, cito o case de uma pessoa desconhecida, sem identificação visível andando na empresa. Se houver a conscientização das pessoas em relação a segurança, um dos funcionários avisará a segurança patrimonial.

Um colaborador que esquece um documento classificado como reservado na máquina copiadora será alertado e orientado por qualquer outro colaborador que tenha observado a falha.

Um colaborador que observa que um visitante ou fornecedor que faz muitas perguntas em relação à rotina da empresa, também alertará a segurança.

Não é fácil criar esta cultura de segurança, pois ela depende do nível de conscientização das pessoas, e esta é a tarefa mais difícil.

A conscientização é diferente de ter a informação, ela faz com que a pessoa tome atitude com relação ao fato.

Algumas formas de disseminar a segurança seja a Política, as Normas, os Procedimentos ou boas práticas:

Folhetos;

Palestras;

Pôsteres;

Cartão de referências rápidas;

Pop-up com mensagens;

Etc.

Por mais tecnologia que tenhamos, por mais sistemas eletrônicos de segurança, sempre dependeremos das ações das pessoas. Neste caso quero lembrar uma frase daquele que foi considerado o maior hacker dos EUA, tendo inclusive sido classificado como inimigo público número um pelo FBI, Kevin Mitnik, em seu livro **A Arte de Enganar**:

"Até mesmo um computador desligado pode ter seus dados roubados à distância. Basta que um engenheiro social habilidoso convença alguém a ligar o equipamento."

Esta frase mostra a fragilidade de qualquer sistema de segurança e serve de alerta para o desenvolvimento da cultura de segurança corporativa.

A IMPORTÂNCIA DA CERTIFICAÇÃO DE SEGURANÇA EMPRESARIAL

A segurança privada no Brasil vem crescendo desde sua criação, a partir da publicação dos Decretos-Lei nº 1.034, de 09 de novembro de 1969 e nº 1.103, de 03 de março de 1970. A segurança privada era vista apenas na figura do vigilante e seus supervisores, porém com o crescimento do mercado, acompanhado pelo crescimento da criminalidade e suas formas, cada vez mais criativas de agir, aliadas a tecnologia, também cada vez mais acessível em quantidade e qualidade, acabaram por criar novas exigências aos profissionais de segurança.

Além disso, o próprio início da abertura econômica nos anos 90/92 com o então presidente Collor acabou trazendo a realidade competitiva entre as empresas que a partir daí começam a competir globalmente e a fórmula da lucratividade foi reajustada.

O custo então precisou ser adaptado ao mercado, sendo necessário diminuir os custos internos (produção, desvios de produtos, perdas de materiais, etc.) de forma que o empresário começa a dar mais importância a estas perdas, inclusive porque as margens de lucro foram diminuídas, e a segurança começa a atuar diretamente na diminuição da perda, consequentemente na diminuição dos custos internos para a produção de mercadorias ou prestação de serviços.

A segurança patrimonial, como forma de operação presença, fazendo parte apenas dos custos sem trazer nenhuma rentabilidade no sentido de diminuição de perdas começa a ser questionada e a procurar novas formas de atuação.

Além desta mudança de foco, ocorre ainda a necessidade de resguardar informações, com o início da espionagem empresarial mais atuante nas empresas depois da guerra fria, entre 1945 e 1991 com o fim da União Soviética.

Perceba que neste período o cenário de atuação da segurança muda enormemente para todos que labutam neste segmento e começa a ganhar outros contornos que se somam a esta reestruturação produtiva, o desenvolvimento, também neste período da terceirização (outsourcing, como preferem alguns), se bem que a terceirização também tem início junto com a prestação de serviço de segurança (Decretos-leis 1.212 e 1.216, de 1966 que autorizam a prestação de serviços de segurança bancária por empresas interpostas na relação de trabalho), mas ela realmente ganhou destaque na década de 90.

Pouco depois, com a manutenção de um cenário mais competitivo, que perdura até hoje, a segurança empresarial começa a atuar num nível tático, de gerenciamento e, em algumas poucas empresas, no estratégico.

Com isso, agrega além do gerenciamento de riscos, a Inteligência, segurança das informações e sistemas eletrônicos, buscando metodologias adotadas mundialmente para se traduzir na eficácia dos investimentos ne segurança empresarial como um todo.

É neste contexto que surgem os questionamentos sobre o preparo dos homens de segurança em todos os níveis, não só dos vigilantes.

A adoção de normas ISO (através das NBR da ABNT – Associação Brasileira de Normas Técnicas) com métodos experimentados e testados em vários países já que uma norma ISO (International Organization for Standardization ou Organização Internacional para Padronização) é aceita em mais de 170 países e são aceitas apenas praticas já testadas e avaliadas com resultados positivos, só corroboraram com as boas práticas da gestão de segurança.

Na formação das pessoas que atuam nesta área ainda estamos engatinhando, baseados principalmente em conceitos americanos e europeus, pois eles têm muito mais história do que nós.

Ainda assim, os cursos em universidades começam no Brasil com cursos de extensão universitária através da Brasiliano e Associados, inclusive com o curso de pós-graduação lato sensu.

Hoje temos cursos de gestão de segurança privada em diversos estados e, principalmente, cursos EAD – Ensino a distância, cada vez mais comuns no ensino superior.

Além dos cursos superiores e de pós-graduação, uma das formas de reconhecimento do gestor de segurança são as certificações.

Essa necessidade de reconhecimento não é só nossa, a ASIS – Advancing Security Worldwide, fundada em 1955 nos EUA que criou em 1977 a certificação de CPP (Certified Protection Professional), renovável a cada três anos.

No Brasil, em 1998 foi criada a **ABSO – Associação Brasileira dos Profissionais em Segurança Orgânica**, que em 2005 lançou a primeira prova de certificação, o **CES – Certificado de Especialista em Segurança**, renovável cada cinco anos.

Em 2005 foi criada a **ABSEG – Associação Brasileira de Profissionais de Segurança** lançou em 2007 a certificação de ASE – Analista de Segurança Empresarial, renovável a cada três anos. Hoje ASE tem um novo significado, ajustando-se ao mercado e sua importância, que, em conformidade com o CRA-SP - Conselho Regional de Administração de São Paulo, adotou o nome de **ASE – Administrador de Segurança Empresarial**. A sua renovação passou a ser a cada cinco anos.

Para concluir quero demonstrar que aqueles que possuem a certificação, seja ela qual for, tem a representatividade de uma Associação que é expressiva na nossa área de atuação e a manutenção destas certificações exige do especialista a atualização constante, além da sua participação no mercado de segurança.

Cada vez mais estes profissionais serão mais exigidos devido à dinâmica da criminalidade e de sua abrangência em relação às áreas de atuação, e os profissionais qualificados para o desempenho da gestão de segurança empresarial deverão ser cada vez mais competitivos e preparados para as mudanças vindouras em uma sociedade mais exigente.

Hoje as certificações são referências neste mercado e elas, assim como nosso segmento, ainda estão engatinhando.

A IMPORTÂNCIA DA LIDERANÇA EMPRESARIAL NA PANDEMIA.

Durante a pandemia do COVID-19, a qual pegou o mundo de surpresa e é em situações como esta que a liderança faz a diferença na gestão empresarial.

Observamos o crescente uso da palavra liderança nas normas **ISO** - *International Organization for Standardization* (Organização Internacional de Padronização) utilizada nas normas da ABNT - Associação Brasileira de Normas Técnicas na difusão das NBR que são as normas técnicas brasileiras que nós utilizamos em todos os segmentos empresariais.

Na **ISO/NBR 9001:2015**, por exemplo, a liderança está relacionada a Alta Direção, a qual deve demonstrar liderança e comprometimento com relação ao sistema de gestão da qualidade, que, entre outras coisas, deve promovendo o uso da abordagem de processo e da mentalidade de risco; estar engajando, dirigindo e apoiando pessoas a contribuir para a eficácia do sistema de gestão da qualidade; e promovendo melhoria, apoiando outros papéis pertinentes da gestão a demonstrar como sua liderança se aplica às áreas sob sua responsabilidade.

Em muitos casos, houve uma quebra de paradigma em relação, por exemplo, ao trabalho em *Home Office,* o trabalho em casa.

Para muitos líderes foi uma descoberta de que ele pode funcionar e ainda trazer benefícios financeiros e comportamentais. Muita gente descobriu que, em muitos casos, se trabalha mais em casa do que no escritório, inclusive vários líderes.

Foi, e está sendo, um grande teste de resiliência e gestão de crise, com grande aprendizado que será relevante em outras situações análogas que, com certeza, surgirão na vida dos empreendedores e empresários. Aqueles que conseguirem assimilar os aprendizados, com certeza, se tornarão melhores líderes nas suas ações e no desenvolvimento de pessoas.

Muitos dizem que o mundo será diferente depois da pandemia, tenho minhas dúvidas.

Quando houve a grande guerra (primeira guerra mundial, 1914 - 1918) as pessoas também pensavam assim, inclusive que jamais haveria uma nova guerra neste nível (mundial). Descobrimos que erraram feio!

Na segunda guerra mundial (1939 - 1945) também ocorreu o mesmo fenômeno, tanto é que houve uma grande taxa de natalidade registrada na Europa e EUA, principalmente, que ficaram conhecidas como a geração baby boomers.

Também naquela época, após a bomba atômica, imaginou-se que o mundo mudaria completamente e que jamais haveria outra guerra mundial. Felizmente, ainda estão certos em relação a terceira guerra mundial, mas já não se acredita que ela não ocorra, em algum momento.

Então, o que podemos esperar da pós-pandemia? Não sei! Mas, uma coisa é certa, muitos líderes irão desenvolver novas formas de trabalho e de desenvolvimento de novos produtos e serviços (lembrem-se que as grandes guerras trouxeram grandes avanços tecnológicos que mudaram a forma de produção, apenas para ficarmos dentro do nosso contexto).

Um dos "insumos" mais valorizados na era do conhecimento ou era da informação, é a criatividade. Um produto intangível, que fez a diferença nessa pandemia.

Aqueles líderes que souberam utilizar o *empowerment,* ou empoderamento de seus colaboradores, tiveram mais sucesso nas ações que dependiam de decisões rápidas frente aos clientes, todos inseguros com relação ao vírus e suas formas de contágio.

Isso demonstra, mais uma vez, a importância da liderança organizacional em tempos de crise.

Muitos têm a ideia errônea de que liderança não se aprende ou não se desenvolve, se assim fosse, não haveria cursos e treinamentos para liderança, já que a pessoa nasce assim, ou tem o dom ou nunca terá.

Em Platão (Atenas, 428/27– 347 a.C.), na obra **"A República"**, se encontra a anuência em se treinar e educar líderes políticos (e empresariais).

No *Best Seller* **O Monge e o Executivo - uma história sobre a essência da liderança** (1998) James C. Hunter escreve: *"Afirmo que liderança - influenciar os outros – é uma habilidade que pode ser aprendida e desenvolvida por alguém que tenha o desejo e pratique as ações adequadas"*.

A Liderança envolve comunicação, planejamento, controle, objetivos e correções.

Sim, as correções são fundamentais para um líder, nesse caso, destaco o livro, também considerado um *Best Seller* **O Gerente Minuto** (8ª edição, 2015) de Ken Blanchard que trata de repreensão minuto, além do objetivo minuto e do elogio minuto. Nele, Blanchard, destaca a forma de fazê-lo, o que é muito importante.

Não existe um estilo correto ou errado, até porque os líderes utilizam todos os estilos em diferentes situações, mas destaco a sua importância.

No livro **A Administração** (2001), Peter Drucker escreve que: *"De cem novas empresas que iniciam a sua atividade, cerca de metade deixa de funcionar dois anos após o seu início, e das restantes, 25% terminam a sua atividade 5 anos depois... e que muitos dos insucessos empresariais são fruto de uma liderança ineficaz"*.

Portanto, o desenvolvimento da liderança pode ser considerado essencial para o desenvolvimento da empresa e a pandemia pode ser uma ótima oportunidade de aprendizagem para todos nós.

O ESTATUTO DA SEGURANÇA PRIVADA E O PERFIL DOS PROFISSIONAIS

Desde os tempos mais antigos, na verdade desde a existência do homem — que a segurança faz parte das necessidades básicas para sua sobrevivência. No início, a necessidade era basicamente a de proteger seus animais de outros grupos de pessoas que ofereciam risco às suas famílias. Depois, as estratégias passaram para a proteção do seu terreno, seu local de moradia e aconchego.

Posteriormente, a necessidade foi à proteção de seus bens patrimoniais, sendo que hoje ela atinge os bens intangíveis, como as informações, a imagem e reputação de pessoas e empresas, etc. Com o início de formações de pequenos grupos, os mais fortes eram escolhidos como protetores dos demais integrantes que buscavam mais terras, atacando grupos rivais e roubando-lhes seus bens, esposas e filhos na tentativa de escravizá-los ou até mesmo de extinguir aquele povo rival.

Sistemas de segurança dos povos antigos

As armas utilizadas por aqueles homens eram feitas de madeira e pedras, além da utilização do fogo. O sistema de alarme eram os animais e seu bunker era as cavernas.

Com a evolução, os riscos foram aumentando, pois, a necessidade de segurança também exigia evolução na mesma proporção, já que o homem queria proteger mais do que sua própria vida, ele queria manter sua família e suas terras.

Mais tarde, com a fixação dos acampamentos, onde posteriormente seria uma aldeia ou cidade, o homem teve sua preocupação aumentada pela perspectiva de perder tudo com a invasão de povos rivais.

Foram iniciadas as barreiras de proteção, que seriam os muros, as valas, os rios, etc. Foram buscar pontos estratégicos para o posicionamento da cidade, de onde tinham uma vista privilegiada a fim de não serem pegos de surpresa.

Cidades fortificadas

Uma das primeiras cidades criadas com a ideia de proteção foi a Babilônia, em (600 a.C.). A muralha da China é outro exemplo, criada a partir de 400 a.C.

No século XVI, na Inglaterra, surgiam os primeiros "vigilantes". Eram pessoas escolhidas por serem hábeis na luta e no uso da espada. Eram remuneradas por senhores feudais, com os recursos dos impostos cobrados aos cidadãos.

Só no século XIX, em 1852, que, devido às deficiências naturais do poder público, os americanos Henry Wells e Willian Fargo criaram a primeira empresa de segurança privada do mundo, a (WELLS FARGO).

Na verdade, era uma empresa que fazia escolta de cargas. As cargas não eram trazidas por caminhões, mas por diligências ao longo do rio Mississippi.

Em 1855, foi criada a Agência Nacional de Detetives Pinkerton, que foi uma agência investigação e segurança particular fundada nos Estados Unidos da América por Allan Pinkerton, detetive que ficou famoso ao frustrar uma conspiração para o assassinato do presidente Abraham Lincoln.

A PINKERTON´S, que fazia o serviço de proteção das estradas de ferro e tinha como logotipo da agência um olho aberto com as palavras "We Never Sleep" (nós nunca dormimos).

Segurança bancária

Já em 1859, as instituições bancárias estavam em pleno desenvolvimento, e Perry Brink fundou em Washington, a BRINK´S, que, inicialmente, fazia a proteção de transportes de cargas, e, em 1891, fez o primeiro serviço de segurança de transporte de valores, tornando-se a primeira empresa de transporte de valores.

BRASIL

No Brasil, já em 1626, apresentava altos índices de violências e de impunidade de crimes. Por causa disso, o Ouvidor Geral Luiz Nogueira de Britto, determinou a criação de um grupo de segurança, conhecidos como "Quadrilheiros". Seus integrantes eram escolhidos entre os moradores das cidades e, através de trabalho voluntário, prestavam um juramento de bem servir à sociedade.

Com a evolução da Coroa e mais tarde República, a segurança evoluiu das milícias privadas para os serviços orgânicos de segurança pública (polícias) e privadas (segurança patrimonial).

Foi então que, através dos Decretos – Lei nº 1.034, de 09 de novembro de 1969 e nº 1.103, de 03 de março de 1970, as empresas de segurança e vigilância armada privada surgiram em nosso País. Esses decretos regulamentavam uma atividade até então considerada paramilitar, e exigiam que os estabelecimentos financeiros (bancos e operadoras de crédito) fossem protegidos por seus próprios funcionários (segurança orgânica) ou através de empresas especializadas. Tal medida tinha como objetivo inibir as ações de grupos políticos de esquerda que buscavam recursos em assaltos a estabelecimentos bancários para financiamento de sua causa revolucionária. As empresas de segurança privada foram limitadas a um número de cinquenta no Estado de São Paulo e eram controladas pela Secretaria de Segurança Pública, até 1983, quando sua fiscalização ficou sob a responsabilidade dos governos estaduais.

Segurança privada e segurança pública

A demanda por segurança privada aumentou ao longo dos anos e a prestação de seus serviços deixou de ser exclusividade em instituições financeiras, passando a ter importância fundamental também para órgãos públicos e empresas particulares. O auge dos serviços foi em 1970, onde a crescente procura exigia uma normatização, pois o Decreto de 1969 já não comportava todos os aspectos da atividade.

O Governo Federal, em 1983, regulamentou a atividade através da Lei 7.102/83.

A fiscalização deixou de ser estadual (SSP) para ser federal, através do Ministério da Justiça, que atribui o controle e fiscalização ao Departamento de Polícia Federal.

Em 1995, o Departamento de Polícia Federal criou a Portaria 992/95, que estabeleceu os critérios para a realização dos cursos de vigilantes e outros parâmetros para atuação da segurança privada no Brasil. Surgem, neste momento, as escolas de formação de vigilantes.

Depois disso, pouca coisa mudou até 2006, quando foi publicada a Portaria 387 e, posteriormente, suas atualizações (Portarias: 515/07; 358/09; 408/09; 781/10 e 1670/10). Em 2012 a Portaria 387 foi revogada com a publicação da Portaria 3.233/12 de 10/12/2012 e suas atualizações (Portaria nº 3.258/2013 de 14/01/2013 e Portaria nº 3.559, de 10/06/2013).

Lei da segurança privada

É necessário entender que muitas mudanças almejadas pela sociedade e principalmente pelo segmento da segurança privada não ocorreram ainda porque a Polícia Federal não pode contrariar a Lei. Então, há de se ficar claro que as leis 7.102/83; 8.863/94 e 9.017/95 são as que regem a segurança privada, sendo aprovadas pelo Poder Legislativo, e é por este motivo que aguardamos ansiosos a publicação do Estatuto da Segurança Privada, que na verdade será a Lei que substituirá estas que ordenam a segurança privada.

Desse modo, o Departamento de Polícia Federal poderá criar novas Portarias que tragam os efeitos necessários. Ainda, a título de esclarecimento, o Decreto 89.056/83 foi o que regulamentou a Lei 7.102/83. Já as Portarias são atos administrativos que não podem contrariar as leis existentes sobre o tema, como por exemplo, citamos a exigência da escolaridade do vigilante. A Lei 7.102/83, no seu artigo 16, exige que o candidato a vigilante tenha instrução correspondente à 4ª série do 1º Grau (Ensino Fundamental). Isso quer dizer que a Portaria do DPF não pode alterar esta exigência, a menos que seja publicada outra Lei (Estatuto da Segurança Privada), determinando uma nova qualificação de instrução para exercer a função de vigilante.

Nesse caso, o Projeto de Lei (PL) do Estatuto da Segurança Privada prevê que o vigilante deve ter concluído todas as etapas do ensino fundamental, ou seja, o 9º ano para o vigilante. Já o supervisor, por exemplo, a exigência será de Ensino Médio.

Além disso, a nova legislação (Estatuto da Segurança Privada) trará inovações significativas. Podemos citar como exemplo a crença de muitas pessoas que acreditam que a segurança eletrônica faz parte do rol de atividades de segurança privada, o que é um grande engano.

Atualmente, as atividades de segurança privada são: Segurança Patrimonial; Transporte de Valores; Escolta Armada: Segurança Pessoal e Escolas de Formação de Vigilantes.

Segurança eletrônica

A segurança eletrônica (monitoramento, mais especificamente), fará parte da segurança privada a partir da publicação da nova lei (Estatuto da Segurança Privada), e não diz respeito às empresas que vendem ou que apenas instalam equipamentos eletrônicos.

Profissionais reconhecidos

A nova legislação incluirá outros profissionais nas atividades de segurança privada. O Estatuto da Segurança Privada trás, até o momento, seis profissionais com qualificações e atribuições diferentes, sendo:

Gestor de segurança privada;

Vigilante supervisor;

Vigilante;

Supervisor de monitoramento de sistema eletrônico de segurança;

Técnico externo de sistema eletrônico de segurança;

Operador de sistema eletrônico de segurança.

Muita coisa ainda será definida a partir da regulamentação da nova lei. A regulamentação trará detalhes importantes. Muitos acreditam que a regulamentação possa se tornar mais importante que a própria lei, já que ela definirá exatamente o como e quem poderá fazer determinadas ações previstas na lei.

Todavia, a regulamentação não poderá alterar a lei, assim como as Portarias do DPF também não poderão alterar a lei ou sua regulamentação. Com relação ao Gestor de Segurança, infelizmente está longe de ser como os profissionais da segurança gostariam que fosse. A única exigência, ainda prevista, é o curso superior.

Existe muita influência para barrar as aspirações dos Gestores de Segurança. Há legisladores que estão de olho nos custos que a redação da lei e sua regulamentação podem trazer, enquanto que do outro lado, (gestores) estão apenas esperando o que será da sua profissão nesta nova etapa legislativa que influencia diretamente na sua atividade.

Órgãos de representação na segurança privada

A falta de participação, através das associações, expõe este cenário negativo ao segmento da segurança privada, pelo menos para os gestores de segurança. A busca pelo interesse que melhor lhe atenda é legitima e, se uma das partes não se envolve, apenas facilita a outra parte.

Outro fato que é possível identificar na nova legislação é que o mercado de formação de profissionais da segurança privada (as escolas de formação) deve ter um novo público, com a necessidade de novos instrutores, fato que é positivo para o Gestor de Segurança, que pode se credenciar na Polícia Federal para ministrar estes treinamentos, além de novos cursos, principalmente voltados para os profissionais da segurança eletrônica.

Gestor de Segurança

O Estatuto da Segurança Privada conceitua o Gestor de Segurança Privada como profissional especializado, de nível superior. Ele terá as seguintes responsabilidades:

Fazer análise de riscos e definição e integração dos recursos físicos, humanos, técnicos e organizacionais a serem utilizados na mitigação de riscos; elaborar projetos para a implementação das estratégias de proteção; e realizar auditorias de segurança em organizações públicas e privadas.

É com esta visão que os gestores de segurança devem se preparar, pois terão essas responsabilidades.

Como podemos ver neste breve relato, o crescimento da segurança privada no Brasil vem sendo modificado e aprimorado, principalmente em relação a qualificação profissional.

Também é possível observar a quantidade de normas publicadas pela ABNT – Associação Brasileira de Normas Técnicas, relacionadas à segurança, como por exemplo, a NBR 31000 de Gestão de Riscos; a NBR 22313 de Gestão de Continuidade do Negócio e outras tantas já bastante conhecidas.

Com a publicação do Estatuto da Segurança Privada haverá novas atividades e exigirão qualificações específicas, transformando-se numa motriz para todo o segmento. Ainda não será como os profissionais da segurança privada gostariam que fossem, mas abrirá uma janela de oportunidades para os profissionais preparados e atentos às mudanças.

FRAUDES CORPORATIVAS

As empresas sempre buscaram lucros e a empresa é criada com este objetivo, mas além da competitividade, cada vez mais acirrada, com novos concorrentes e novas tecnologias que podem vir de qualquer lugar do mundo, (vide a China com os seus produtos no nosso mercado), ainda existem outras formas de perdas da lucratividade empresarial.

Uma delas são as fraudes e, de acordo com estudos realizados pela KPMG, a perda financeira das empresas brasileiras e americanas em fraudes representam 5% do Produto Interno Bruto (PIB) dos respectivos países. E que 74% das empresas da América Latina disseram ter prejuízo com fraudes, sendo que corrupção e suborno representam 79% deste índice.

Durante o Seminário sobre Fraude na Fiesp - Federação das Indústrias do Estado de São Paulo, ocorrido em 31/10/13, o consultor da FGV, João Peres, informou que as pesquisas indicam que a única certeza é a fraude e que ela está diretamente ligada à corrupção.

Entre 183 países pesquisados, o Brasil aparece em 73º lugar nas fraudes.

Em outro levantamento feito com 150 países pela Global Financial Integrity com o apoio da Ford Foundation e da Financial Transparency Coalition demonstrou que entre 2002 e 2011 foram desviados um total de US$ 5,9 trilhões através de crimes, corrupção e evasão de impostos e que só no Brasil, 192 bilhões de dólares foram desviados.

Não se engane: quando uma fraude é identificada é porque ela já acontecia a bastante tempo. Nunca é a primeira vez.

Neste caso é bom conceituar a fraude e diferencia-la do erro.

De acordo com o *American Institute of Certified Public Accoutants* **(AICPA)**, instituto norte americano responsável pelo estabelecimento das normas de auditoria, a **fraude pode ser conceituada como qualquer ato ou omissão intencional planejado para causar engano a terceiros**, já o Erro é um ato não intencional na elaboração de registros e demonstrações contábeis, que resulte em incorreções deles.

A fraude engloba todas as áreas da empresa, e pode ser mais abrangente do que o que se pensa inicialmente. Ela ocorre com mais frequência nas áreas contábeis, administrativa e financeira, além dos processos. Elas podem ir desde a mentira e burla, a conivência, a pirataria ou estelionato, entre outros tipos.

As Por que as fraudes ocorrem? Apesar das diversas ferramentas de controle, auditorias, etc. a fraude depende das ações das pessoas, as quais agem de maneira inescrupulosas, contrariam as normas de conduta ou o código de ética da empresa e, muitas vezes colocam a empresa numa situação desfavorável no quesito confiabilidade e credibilidade ou ainda podem causar um grande escândalo.

*De acordo com **João Peres, consultor da FGV**,* os investimentos realizados pelas empresas para evitar as fraudes são de 40% em tecnologia, 50% em processos e 10% em pessoas (recursos humanos).

É justamente nestes investimentos que observamos as maiores motrizes para as fraudes. Na revista **EXAME edição 1055**, Allen Morrison, professor da escola de negócios suíça IMD disse que *"um executivo que comete desvios éticos tem mais chance de destruir uma empresa. Segundo ele, um escândalo pode custar mais caro a uma empresa do que uma estratégia medíocre"*. Ainda segundo ele, *"desvios éticos podem destruir para sempre a imagem de uma empresa. Por isso, o melhor líder é o que tem bom caráter. Hoje, as notícias atingem dezenas de países quase instantaneamente. É um mundo novo, de enorme transparência. Isso se aplica ao comportamento dos executivos e ao que eles dizem e como dizem. O mesmo vale para as companhias. Se forem flagradas em atitudes antiéticas, sofrerão as consequências da má fama"*.

Ainda no seminário de fraudes na **FIESP**, O gerente de ética da ICTS Internacional, Renato Almeida dos Santos, explicou como a *compliance* pode ser uma ferramenta de prevenção da fraude organizacional. Ele afirmou que *"dentro das corporações, 13% dos colaboradores agem de forma antiética, 60% agem conforme o ambiente e 27% não agem de forma antiética".*

Ele comentou que *"Dinheiro não é o único motivador das fraudes, existem muitos outros, como status, por exemplo".*

No mundo em que vivemos, onde as pessoas honestas parecem que estão erradas e em extinção, manter-se honesto, ou seja, aquilo que seria normal, torna-se uma virtude.

Observe que essa forma de pensar também leva em conta o grau de instrução das pessoas. Vejam esta resposta a pesquisa publicada pelo sociólogo Antonio Carlos Almeida, autor do livro **A Cabeça do Brasileiro** uma das perguntas foi:

"Como considerar a atitude do funcionário público que ajuda uma empresa a ganhar um contrato no governo e depois recebe dela um presente de Natal?". Para 80% dos que não sabem ler ou escrever, isso é apenas um "favor" ou um "jeitinho". Para 72% dos que concluíram a universidade, é corrupção e ponto final.

É claro que as fraudes não ocorrem com pessoas que não sabem ler, mas de acordo com comportamento humano numa sociedade onde o crime compensa e esse é um quesito essencial na prevenção da fraude.

Um fator inibidor para a ocorrência de fraudes são as consequências com os que são pegos cometendo a fraude.

Essas consequências servem como inibidoras ou motivadoras, dependendo de como elas são aplicadas.

Conclui-se que, das ações possíveis para se evitar a fraude, pelo menos as mais motrizes, que dão causa a elas, são comportamentais, relacionadas a educação e consequências, porém também são as mais difíceis e demoradas de se alcançar.

Portanto, o foco preventivo deve ser na pessoa, na ética, na educação e nas consequências sobre os desvios de conduta.

Só para lembrar um ensinamento pratico de filosofia do professor Dr. **Mario Sergio Cortella**, *"Ética é o conjunto de valores e princípios que nós usamos para decidir as três grandes questões da vida: Quero?, Devo?, Posso? Tem coisa que eu quero mas não devo, tem coisa que eu devo mas não posso e tem coisa que eu posso mas não quero."*

Este não é um problema exclusivo dos brasileiros, mas do ser humano e para mudar este estado de coisa devemos recordar que no final, a decisão é nossa.

A importância da Lei Anticorrupção e as necessidades das empresas na prevenção

O Brasil é signatário da Convenção das Nações Unidas contra a Corrupção realizada pela Organização das Nações Unidas – ONU, oportunidade em que restou consignado que os participantes deveriam implantar medidas para dar mais efetividade ao combate à corrupção seja em seu território ou em outras nações. Na convenção foi designada a data de 09 de dezembro como "Dia Internacional contra Corrupção".

A legislação brasileira inovou ao criar a Lei 12.846/13 ao punir a Pessoa Jurídica, ou seja, a empresa é que pagará as multas impostas por atos de corrupção e outros contra a administração pública.

Sem que isso isente o fraudador ou corrupto diretamente, mas a inovação ocorre justamente pela ação contra a empresa, inclusive com a responsabilidade solidária das empresas do mesmo grupo econômico, incluindo sociedades controladas ou controladoras, coligadas e consorciadas e ainda na sucessão da responsabilidade em hipótese de alteração contratual, transformação, incorporação, fusão ou cisão.

Ou seja, a Lei mostra que é vantagem agir de maneira legal e ética, como vermos a seguir.

Conceitos

Para iniciarmos este tema, cabe ressaltar os conceitos aqui utilizados.

Compliance - O termo COMPLIANCE é derivado do verbo inglês "TO COMPLY", que significa cumprir e AGIR COM ÉTICA E EM CONFORMIDADE com as normas internas e externas, seguindo as regras vigentes.

O COMPLIANCE corporativo é a adoção de procedimentos pela companhia com a finalidade de garantir O CUMPRIMENTO DA LEGISLAÇÃO VIGENTE E DE REGRAS INTERNAS, mediante orientação, prevenção e tratamento dos desvios de condutas ou práticas ilegais.

Programa de Integridade - De acordo com o **Decreto 8.420/15**, programa de integridade consiste, no âmbito de uma pessoa jurídica, no conjunto de mecanismos e procedimentos internos de integridade, auditoria e incentivo à denúncia de irregularidades e na aplicação efetiva de códigos de ética e de conduta, políticas e diretrizes com objetivo de detectar e sanar desvios, fraudes, irregularidades e atos ilícitos praticados contra a administração pública, nacional ou estrangeira.

Como vimos, os dois programas têm objetivos similares. Eles são responsáveis por **nortear os gestores e colaboradores** da organização para que as leis sejam cumpridas, evitando penalidades, como multas altas, por exemplo. Portanto, neste artigo usarei como exemplos similares.

Lei Anticorrupção

Com a promulgação da Lei 12.846/13, conhecida como Lei Anticorrupção, as empresas passaram a responder objetivamente (independentemente de dolo ou culpa) administrativamente (multa e publicação extraordinária da decisão condenatória) e civilmente (perda de bens, direitos ou valores, suspenção ou interdição parcial das atividades, dissolução completa da Pessoa Jurídica, proibição de receber subsídios ou incentivos, etc. de 1 a 5 anos) pela prática de atos contra a administração pública, tanto nacional como estrangeira.

A Lei trata da pessoa jurídica (empresa, que é quem paga a multa, por exemplo), mas os dirigentes também poderão ser responsabilizados, como por exemplo, por improbidade administrativa.

A Instrução Normativa 01/2015 da CGU – Controladoria Geral da União traz, com base na **Lei 12.846/13** o cálculo da multa que é administrativa, isto é, muito mais simples do que uma ação judicial que poderia levar anos.

Além disso, a multa é pesadíssima, podendo chegar a 20% do faturamento bruto anual, com base na receita do ano anterior a ocorrência do delito.

Dependendo do caso, isso pode gerar a insolvência da empresa. Portanto, é um risco muito alto para a empresa se arriscar de modo passivo, sem tomar nenhuma ação preventiva.

Já o Decreto 8.420/15, que regulamenta a Lei 12.846/13 estabelece que a empresa deve ter um programa de Integridade (*Compliance*).

Este programa poderá atenuar a multa, por exemplo, caso um colaborador cometa um ato de corrupção, mesmo que a empresa não tenha envolvimento. Por isso a Lei prevê a responsabilidade objetiva, quer dizer que ela responderá pelo crime de qualquer maneira.

Daí a importância de haver controles internos que sejam eficazes para dissuadir, detectar, identificar o responsável, deter suas ações, e apurar a ocorrência, implantando melhorias nos controles internos.

Na verdade, o que a Lei Anticorrupção mostrou, além das pesadas multas, é que a empresa pode ser beneficiada com ações preventivas, como é o caso da implantação de um sistema eficaz de *Compliance* para mitigar as chances de uma ocorrência de fraude, corrupção ou qualquer outro tipo de crime com envolvimento da empresa. Com a implantação de um programa de Compliance que funcione, porque não pode ser só de "fachada", a empresa poderá atenuar a multa, caso ainda sofra uma punição.

O programa de Integridade

O Decreto 8.420/15 requer que haja o "comprometimento da alta direção da pessoa jurídica, incluídos os conselhos, evidenciado pelo apoio visível e inequívoco ao programa", exigindo que a liderança se comprometa com o programa, de modo que ele tenha uma estrutura apropriada para o tamanho e os negócios da empresa, principalmente se ela transaciona com a administração pública.

O programa de Integridade também deve ter autoridade, isso significa que ela deve se reportar a alta direção da empresa (presidência ou conselho administrativo, dependendo do caso).

Os controles internos devem ser monitorados e revisados periodicamente. Para isso é previsto no Decreto 8.420/15, a avaliação periódica dos riscos de acordo com as atividades empresariais.

A partir da avaliação dos riscos é que será possível implementar ou atualiza, rever, melhorar os controles internos da empresa.

Todos os procedimentos devem estar estabelecidos na empresa de forma clara e inequívoca, através de padrões de conduta, código de ética, políticas e procedimentos de integridade, aplicáveis a todos os empregados e administradores, independentemente de cargo ou função exercidos.

Em muitos casos, esses procedimentos são estendidos aos *Stakeholders,* que são as partes interessadas, ou seja, que têm relação estratégica com a empresa, negócio ou indústria, como por exemplo, os fornecedores, prestadores de serviços e clientes.

Nesse caso, observe que o decreto 8.420/15 prevê que a empresa faça diligências para contratação e, conforme o caso, supervisão, de terceiros, dos Stakeholders.

Nesse caso, demonstra a importância da *Due Diligence,* ou seja, um levantamento ou diligência prévia de uma empresa que será parceira de negócios, por exemplo, identificando se ela é idônea ou inidônea, por exemplo. Isso também será analisado, caso ocorra um ato de corrupção, por exemplo. E pode demonstrar que a empresa negligenciou ou deixou de cumprir uma das normas do programa de Integridade *(Compliance).*

A Instrução Normativa 02/2015 da CGU - Controladoria Geral da União, com base no Decreto 8.420/15 criou o **registro de informações no Cadastro Nacional de Empresas Inidôneas e Suspensas – CEIS e no Cadastro Nacional de Empresas Punidas – CNEP.**

Desse modo, por exemplo, as empresas punidas por corrupção, além da punição pecuniária, que como dissemos, pode ser muito severa, ainda, as expensas da própria empresa multada, deve publicar nos seus sites e em jornais de grande circulação que foi punida e, inclusive, o motivo da punição.

Com isso, o trabalho de diligência fica mais fácil, mas também pode ser a prova de que a empresa não fez o seu dever de casa, fazendo parceria com uma empresa punida por corrupção e envolvendo-se em crime. Isto será apurado a partir da instauração do **Processo Administrativo de Responsabilização – PAR**, previsto no Decreto 8.420/15.

Como se trata de um Decreto que regulamenta a Lei Anticorrupção, ele prevê que haja registros contábeis que reflitam de forma completa e precisa as transações da pessoa jurídica com controles internos que assegurem a pronta elaboração e confiabilidade de relatórios e demonstrações financeiros da pessoa jurídica.

Sempre que houver qualquer irregularidade, o Programa de Integridade deve possuir procedimentos que assegurem a sua pronta interrupção e a tempestiva remediação dos danos gerados, ou seja, os danos causados devem ser reparados assim que alguma irregularidade for evidenciada.

Para isso, também é previsto no Decreto que a empresa possua canais de denúncia de irregularidades, abertos e amplamente divulgados a funcionários e terceiros, e de mecanismos destinados à proteção de denunciantes de boa-fé. Assim, a empresa deve possuir um sistema para receber as denúncias e iniciar as apurações com consequente remediações dos atos irregulares que forem evidenciados.

Sempre que falamos em apuração de ocorrências ilícitas que serão realizadas por sindicância empresarial ou qualquer outro nome que a empresa utilize para realizar as investigações internas, devem ser previstas também, as medidas disciplinares para os casos de violação do programa de integridade.

Inclusive, as medidas disciplinares estão previstas no Programa de Integridade descrito no Decreto 8.420/15.

O Programa de Integridade traz ferramentas que podem reduzir os impactos para a empresa, caso ocorra algum caso envolvendo corrupção. Porém, ele não pode ser elaborado e permanecer no papel pois ele será avaliado, conforme foi demonstrado aqui.

Conclusão

O *Compliance* ou Programa de Integridade depende de código de ética e de conduta, o que sugere, inevitavelmente, que ele dependerá de pessoas e não apenas de sistemas que possam controlar falhas ou desvios contáveis, etc.

Nesse caso, o trabalho mais difícil é o da conscientização dos colaboradores e é por isso que o próprio Decreto 8.420/15 estabelece a necessidade de treinamentos periódicos sobre o Programa de Integridade.

Assim como nenhum risco tem a probabilidade zero de acontecer, a corrupção também, como dependente de algo incontrolável – o ser humano, por mais controles e treinamentos, ainda existirá a chance de uma ocorrência.

Nesse caso, a implementação de um Programa de Integridade, com controles e treinamentos podem mitigar a probabilidade de ocorrência, porém o programa de Integridade ou Compliance deve ser REAL, pois será avaliado por um **Processo Administrativo de Responsabilização – PAR**. O programa poderá diminuir o impacto financeiro, por ser uma atenuante, caso o risco se concretize, além de facilitar para um acordo de leniência, capaz de mitigar de forma expressiva esses impactos.

A investigação no contexto empresarial

Após a promulgação da **Lei 12.846/13**, conhecida como Lei Anticorrupção, e que foi regulamentada pelo **Decreto 8.420/15**, as empresas passaram a ter uma maior preocupação com a Governança e o *Compliance.*

Isso ocorre porque a lei trouxe a responsabilização direta da empresa, ou seja, a chamada responsabilização administrativa das pessoas jurídicas pela prática de atos contra a administração pública, independentemente de envolvimento da direção da empresa, basta a participação de um funcionário para que a empresa seja responsabilizada.

Obviamente, isso trouxe maiores preocupações para as empresas, as quais buscaram o desenvolvimento de programas de integridade, mais conhecido como *Compliance*. Até porque a existência do programa de integridade de acordo com os critérios e avaliação da Controladoria-Geral da União – CGU poderá favorecer a empresa em casos de leniência e multas.

Diante disso, as investigações internas se tornaram fundamentais para mitigação dos impactos financeiros e reputação das empresas, ganhando importância no seu desenvolvimento e normatização.

Quando falamos em investigação corporativa ou empresarial, devemos estar atentos a muitos detalhes que estão relacionados a imagem e reputação da empresa, diretos trabalhistas, políticas da empresa, etc.

Em princípio, o gestor de segurança estará lidando com um trabalhador e não com um marginal que ele desconhece seu histórico criminal e ações incriminatórias que ele possui, a menos que a empresa não tenha feito seu dever de casa na contratação do funcionário, o *Due Diligence,* previsto no **Decreto 8.420/15.**

Nesse contexto, é bom entender que a empresa precisa estar resguardada em relação as ações dos investigadores, principalmente na hora de formular acusações.

Para isso, é importante que a empresa possua uma política de segurança que determine os limites dos agentes da segurança.

A política de segurança, com relação a apuração de fatos delituosos ou de incidentes na empresa deve constar da formação de uma equipe com prazo definido, que pode ser prorrogado e como se formará a comissão de investigação.

Por exemplo, ela pode citar que todas as denúncias e demais apurações de incidentes ou acidentes serão realizadas a partir da nomeação determinada pela direção da área afetada.

Uma norma pode determinar que o diretor de uma da área publicará a formação da comissão, seus componentes e prazo de conclusão, inclusive quem presidirá esta comissão.

Algumas empresas denominam como sindicância que, conceitualmente, é o conjunto de atos e diligências que objetivam apurar a verdade de fatos alegados; investigação, sindicação.

Normalmente, é composto por uma equipe multidisciplinar e tem um prazo para apresentar o relatório.

Outras empresas adotam o nome de comitê ou comissão de sindicância, isso pode variar, mas os objetivos são os mesmos.

É importante que a empresa possua essas normas que determinem as ações dessas comissões, evitando problemas trabalhistas e judiciais.

A norma pode autorizar a presença de um diretor sindical e/ou advogado para acompanhar os trabalhos, além do seu supervisor ou gerente, de acordo com o caso.

Deve ser clara com relação a obrigatoriedade do comparecimento do empregado para ser ouvido.

O ideal é que o gerente do empregado seja convocado a mandar o empregado comparecer ao local da apuração ou entrevista, com isso eliminamos alguns problemas, como por exemplo, o gerente não saber o que está acontecendo, o empregado se ausentar do seu local de trabalho para comparecer a comissão e não informar seu supervisor ou gerente, em alguns casos, a própria norma pode determinar a participação do gerente da área envolvida.

A empresa adotará a política e normas que melhor atendam suas necessidades, sempre de acordo com a legislação em vigor.

De qualquer forma, é imprescindível a participação ou validação do setor jurídico na elaboração da política, da norma e dos procedimentos que determinarão as ações de apuração de desvios (criminosos ou não) por parte dos colaboradores da empresa.

Isso quer dizer que o gestor de segurança não deve iniciar suas ações "investigativas" sem estar embasado nas normas da empresa.

Infelizmente, já vimos muitos casos onde a equipe de segurança, em alguns casos sem o conhecimento do próprio gestor, iniciarem ações desse tipo e que acabaram mal.

Por vezes, as pessoas acreditam estarem fazendo o melhor para a empresa (pegando o ladrão, por exemplo) mas na verdade podem estar incorrendo em crime.

Decidem, por exemplo, colocar escuta telefônica no ramal do suspeito, dar um "susto" ou "choque" no suspeito durante a entrevista do ocorrido, entre outras coisas, que ao final poderão, no mínimo, perder o emprego.

Além disso, o suspeito pode fazer a denúncia à Polícia e à imprensa, o que pode trazer muitos problemas e até gerar uma crise.

Daí a importância da política de segurança que assegure os direitos aos colaboradores, as normas que determinem quem pode instituir uma comissão de investigação e como ela será formada.

É importante que a equipe de segurança receba os treinamentos adequados para atuar nas entrevistas e participar da elaboração de todos os relatórios previstos e identificação do *"modus operandi"* da ação delituosa com a finalidade de criar formas de controle, etc.

Isso me lembra uma estória sobre Napoleão Bonaparte que dizia mais ou menos assim:

Napoleão classificava seus soldados em 4 tipos de pessoas:

Os inteligentes com iniciativa;

Os inteligentes sem iniciativa;

Os ignorantes sem iniciativa e

Os ignorantes com iniciativa.

Aos inteligentes com iniciativa, Napoleão dava funções de comandantes como generais e estrategistas.

Aos inteligentes sem iniciativa, ele os deixava como oficiais que recebiam ordens superiores para cumpri-las com diligência.

Aos ignorantes sem iniciativa, Napoleão os colocava à frente da batalha, para serem "buchas de canhão".

Os ignorantes com iniciativa Napoleão desprezava e não os queria em seus exércitos.

Nesse caso, cito esta estória apenas para mostrar a importância do treinamento e dos meios organizacionais, resumidos aqui, como as políticas, normas e procedimentos.

A ignorância é em relação ao desconhecimento, portanto, a exigência de treinamento adequado para a realização da investigação.

Na segurança empresarial o mais importante ao constatar uma infração, desvio de produtos, fraudes, etc. não é achar o culpado (que, sem dúvida, é importante) mas sim como o desvio ocorre, porque a partir dessa identificação é possível criar controles que evitem novos desvios do tipo apurado.

A partir daí pode ser criado procedimentos que poderão servir para outras unidades ou filiais e com isso trazer um ganho para a empresa.

A investigação, normalmente, ela tem início por uma provocação, ou seja, alguém ou algum setor faz uma denúncia ou reclamação que irá dar origem a investigação.

Lembrando que Investigação interna é uma apuração formal, por isso é importante constar das normas da empresa, e ela visa a identificação de eventuais irregularidades ou violações praticadas por colaboradores, em qualquer nível hierárquico no contexto da companhia.

Podem envolver alegações de: assédio, desvio de produto, de fraude, de acidente, de furto, corrupção, etc.

Em princípio, os objetivos de uma investigação corporativa são:

Identificar violações de políticas internas e leis, a fim de implementar controles internos mais eficientes.

Identificar/cessar a prática de crimes e ilícitos.

Minimizar os impactos de uma investigação externa conduzida por órgãos regulatórios ou por autoridades criminais.

Limitar a responsabilidade da empresa.

Identificar responsáveis e impor medidas de remediação.

Identificar o *"modus operandi"* resultará na identificação de falhas de processos, da segurança, administrativa e outros.

Pesquisar causas e fatores concorrentes, averiguar situações não conformes, esclarecer fatos e circunstâncias, coletar dados e informações, colher opiniões, relatos de envolvidos, de suspeitos, de testemunhas, etc.

Deixar de fora da investigação a imaginação, as falsas afirmações, as inexatidões, os "achismos", etc.

Analisar os fatos, com isenção, visando chegar à verdade.

Verificar circunstâncias do acontecimento: o quê, quem, como, onde, por que, quando e quanto.

Corrigir desvios administrativos e comportamentais.

Levantar fatores interferentes e não conformidades.

Dissuadir ações delituosas.

Estabelecer relações entre ocorrências, sugerindo medidas preventivas contra eventos semelhantes no futuro.

Coleta de provas para ações administrativas e penais, se for o caso.

Nem todos os incidentes que serão investigados são crimes.

Se o incidente é um crime (por exemplo, fraude), pode envolver grupos ou crime organizado, o que exigirá mais cuidado na investigação.

Para concluir, é importante salientar que a investigação interna é um dos pilares do Programa de Compliance, garante boa governança corporativa e resguarda a reputação da companhia e do Conselho e que para trazer os resultados esperados pela companhia, é importante que as equipes sejam treinadas para atuarem nestes casos.

A importância do treinamento para o profissional de segurança

Todos sabem da importância dos treinamentos em qualquer profissão. Ninguém iria procurar um médico sem as qualificações exigidas para que ele possa atender um paciente e, em última instância, salvar a sua vida.

Porém, nem sempre é assim. Nem sempre procuramos as pessoas mais qualificadas para prestar um determinado serviço e na segurança não é diferente.

Assim como em outras áreas, o preço determina o contrato ou projeto.

O resultado deste tipo de atitude é que, em muitos casos, o baixo preço não agrega valor e acaba trazendo prejuízos para o contratante.

Normalmente, a responsabilidade pelos treinamentos das empresas de segurança parte da indicação do gestor. É ele que identifica as necessidades dos seus colaboradores e dele próprio para indicar os treinamentos mais apropriados, de acordo com a sua função ou projetos em desenvolvimento.

Eles sabem que pessoas bem preparadas passam uma imagem de empresa séria, bem administrada e gera confiança aos clientes, além da diferenciação entre concorrentes, principalmente quando se trata da aplicação de tecnologia em segurança. Tendo em vista a sua evolução quase que diária.

O que é necessário para passarmos este tipo de confiança é o treinamento que a força de trabalho irá receber.

Outro fator importante é que o treinamento diminui perdas (perdas de contrato, indenizações, custos com advogados, etc.). Treinamento é investimento, desde que ele seja bem direcionado.

O treinamento não quer dizer, necessariamente, que o aprendiz não sabe fazer, pelo contrário, quer dizer que ele é alguém que se aprimora, que se esforça e quer melhorar naquela atividade que desempenha.

De acordo com o professor Mário Sérgio Cortella, que comenta a celebre frase de Sócrates no século V a. C. "Só sei que nada sei" no seu livro **Vida e Carreira: um equilíbrio possível?**

"Sua intenção seria expressar que só sei que nada sei por completo, por inteiro, só sei que nada sei que só eu saiba, só sei que nada sei que não possa vir a saber, só sei que nada sei que o outro e eu não saibamos juntos". Cortella (2013, p. 101)

Isso quer dizer que sempre temos algo a ensinar e algo a aprender, como é comum em muitos treinamentos. Hoje em dia não é possível pensar em uma sala de aula onde apenas o professor fala, porque só ele sabe. As experiências são muitas e a sinergia criada num ambiente de diálogo é fundamental para o resultado do treinamento.

Ainda que vivamos em ambientes que, dependendo da cultura da empresa, ainda trata de forma segmentada as gerações de profissionais, desde o baby boomer, até os das gerações X, Y e Z, os treinamentos podem auxiliar na integração destas gerações.

Considerando que todos são adultos, incluindo os da geração Z (os jovens nascidos em meados dos anos noventa), a metodologia de ensino deve ser aprimorada, até porque o meio utilizado para aprendizagem do adulto é diferente da aprendizagem da criança. O método utilizado chama-se **andragogia** que pode ser conceituada como a ciência que estuda e educação do adulto.

O termo Andragogia foi introduzido na literatura de educação do adulto por Malcolm Knowles em 1968. Para Knowles significa *"a arte e a ciência de ajudar os adultos a aprender, ao contrário da pedagogia que é a arte e ciência de ensinar crianças"*

Andragogia *(Andragogy)*: Baseado no Grego *"Andr"* que significa "homem" - (não criança) e *"Agogus"* significando "dirigindo",

E o adulto possui algumas características próprias de aprendizagem, sendo elas:

Adultos retêm:

20% do que eles ouvem;

30% do que eles veem;

50% do que eles ouvem e veem;

70% do que eles ouvem, veem e dizem;

90% do que eles ouvem, veem, dizem e fazem;

Desse modo concluímos que quanto mais prático for o treinamento, maior será a aprendizagem.

O uso de slides nas apresentações com projetor (Datashow) também é favorável pois os profissionais veem e assimilam melhor do que apenas ouvir.

Outro fator que favorece o aprendizado e a participação com troca de experiência é a formação da sala de aula.

Os métodos mais comuns, com carteiras posicionadas uma atrás da outra não favorecem a participação esperada. O ideal é a formação em círculo. É claro que nem sempre isso é possível, pois a limitação de espaço e a quantidade de pessoas pode inviabilizar esse tipo de acomodação das carteiras.

Alguns podem não gostar, mas se você se recordar dos treinamentos em que você assimilou mais conteúdo foram os participativos e os que aplicavam exercícios práticos.

Mais um argumento para a participação de treinamentos é apresentado pelo TEN CEL Diógenes Lucca autor do livro **Diário de um Policial – o submundo do crime narrado por um comandante do GATE**, descreve as condições para um bom ambiente para os participantes de um treinamento. Este ambiente deve proporcionar três níveis de aprendizado, sendo:

"O primeiro é o **crescimento vertical**, que ocorre pelo acréscimo de novos conhecimentos que são incorporados.

O segundo é o **crescimento horizontal**, que é a revisão daquilo que já conhecemos, mas que é explorado de outra maneira, com algumas adaptações.

E o terceiro nível é a **rede de relacionamentos** (adaptado), neste nível, na área empresarial, são as trocas de informações entre os procedimentos em casos assemelhados. Nesse nível, aparam-se as arestas, minimizam-se atritos e uns compreendem melhor os outros".

Lucca (2016, p. 53).

O início do ano é sempre uma ótima oportunidade para planejar os treinamentos de acordo com os projetos futuros. Vamos aproveitar o momento.

"O entusiasmo de aprender separa os jovens dos velhos. Enquanto estiver aprendendo, ninguém envelhecerá. " Autor desconhecido.

CONHEÇA ALGUMAS FERRAMENTAS DA SEGURANÇA EMPRESARIAL

Os crimes contra o patrimônio ocorrem por diversos fatores que, muitas vezes, facilitam a ação do meliante e dá as condições ideais para suas ações. Contra o crime planejado, aquele que foi estudado e está devidamente estruturado para sua concretização, dificilmente, conseguiremos impedi-lo. Será necessário todo um planejamento e a perfeita integração entre os recursos humanos, os meios organizacionais e os equipamentos de segurança para que, juntos, de maneira integrada, consigam dissuadir, retardar, e apresentar uma pronta resposta adequada para que o crime não se concretize. Daí a necessidade de um projeto bem elaborado que dê condições desta integração dos sistemas de segurança. È comum o entendimento do conceito de sistema integrado de segurança como a integração de três fatores: Os meios técnicos ativos (equipamentos eletrônicos de todos os tipos, inclusive a central de monitoramento), os recurso humanos das segurança (efetivo, qualificação, treinamento, posicionamento e quantidade) e os meios organizacionais (políticas, normas, diretrizes, procedimentos, planos, etc.), o que é correto porém, poderíamos acrescentar os meios naturais que o local apresenta, que pode fazer a vigilância natural e a Inteligência empresarial para atuar de maneira antecipatória, apoiando o processo de decisão.

Muitas vezes a busca pela vigilância natural é deixada em segundo plano, o que ocorre quando o ambiente não é levado em consideração, mesmo sabendo que o ambiente propicio para a segurança ou a vigilância natural tem custos muito baixos se comparados aos equipamentos eletrônicos de segurança.

Um fator não substitui o outro apenas se complementam.

Na busca pela segurança adequada para uma determinada empresa, os custos sempre serão levados em consideração e a necessidade de integração dos sistemas de segurança será exigida - em todos os casos.

Uma ferramenta que pode ser utilizada na busca da vigilância natural é o emprego do conceito conhecido internacionalmente como CPTED: *Crime Prevention Through Environmental Design,* que pode ser traduzido como **Prevenção Criminal Através do Desenho Ambiental.**

O arquiteto Oscar Newman foi um dos pioneiros sobre este tema e ainda é, provavelmente, o mais lembrado.

Ele publicou o livro, Defensible Space: Crime Prevention Through Urban Design (Espaço Defensável: Prevenção da criminalidade através da concepção urbana) em New York, 1972 onde abordou o assunto.

Este conceito é utilizado, principalmente, na segurança pública, mas que também pode ser usado nas empresas.

Originalmente o CPTED tem por objetivo diminuir a percepção do medo e dos delitos de oportunidade através do desenho urbano e envolve a colaboração da comunidade.

Ele tem como premissa básica que tanto a adequação do desenho urbano, como o eficiente uso do meio ambiente, possa levar a uma redução na oportunidade de delitos e na sensação de medo.

Um dos princípios utilizados é a **vigilância natural** que busca dar maior visibilidade do espaço, da área onde as pessoas se reúnem ou permanecem por um determinado tempo.

Ela também possibilita maior controle dessa área, justamente porque ela fica mais visível em todos os sentidos. Desse modo, o meliante ficará exposto e tende a ficar inseguro em praticar um delito, pois pode estar sendo observado.

Este mesmo conceito pode ser usado nas empresas, principalmente nos locais considerados críticos ou onde os funcionários permanecem por algum tempo, de modo que eles possam ser observados por qualquer pessoa, o que traz uma sensação de segurança maior, além de criar condições para se evitar o vandalismo, por exemplo.

Locais bem iluminados também trazem esta sensação de segurança, pelo mesmo motivo – a pessoa sabe que pode ser vista por outras pessoas. Isso também desencoraja o meliante que, na proporção inversa, sabe que pode ser visto quando estiver praticando um crime ou ato de vandalismo.

Por exemplo:

As portas e janelas devem ser observadas por todos, para isso é necessário a desobstrução da visão.

Esses locais devem ficar expostos. Os locais bem iluminados e que dão condições de visão às pessoas que passam ou que apareçam na janela, por exemplo, inibe a ação do meliante ou de um funcionário que queira cometer um ato de vandalismo na empresa.

Quando o muro é alto ou o portão é totalmente fechado pode dificultar a escalada e o acesso, mas o marginal sabe que, a partir do momento em que ele conseguir entrar, ele não será visto pelas pessoas que passam na rua ou que estejam nos prédios vizinhos, por exemplo. Nesse caso, estamos proporcionando condições do marginal agir. Diferente do caso de grades onde você pode observar o que acontece do lado de dentro.

Esse princípio usado na segurança pública pode muito bem ser adaptado e utilizado na segurança das empresas, pois os marginais seguem esse mesmo princípio e as pessoas possuem as mesmas sensações de segurança ou insegurança.

Essa atenção especial pode ser dada principalmente nos locais de carga e descarga, nas balanças rodoviárias, nos almoxarifados e em locais críticos como a sala de processamento de dados.

Este procedimento é apenas mais uma ferramenta a ser usada pela segurança, que em conjunto aos outros sistemas de segurança, trarão mais vigilância a determinados locais da empresa, facilitando seu monitoramento.

Esse é o motivo da necessidade do apoio de todos os funcionários. Sabemos que a segurança depende de todas as pessoas e não só do corpo de segurança da empresa.

Mais uma vez a integração, desta vez do corpo de segurança com os demais setores, torna-se indispensável.

A ideia antiga existente, infelizmente, até hoje em alguns setores da segurança, de que o segurança deve ter cara de mau, andar desconfiado, não falar com ninguém que não seja do "meio" e só aparecer nas horas em que os problemas ocorrem, há muito já foi ultrapassada.

A "onda" é outra. O corpo de segurança da empresa deve fomentar a integração com os demais setores, buscar o apoio dos funcionários, tentar ajudá-los em todos os aspectos relacionados a segurança, seja ela empresarial, patrimonial, pessoal ou familiar.

Veja que as ferramentas mais modernas de análise de risco, por exemplo, necessitam do apoio e informações de diversos setores da empresa, não só o da segurança.

A implantação de um projeto de segurança deve contar com o apoio dos funcionários e isso só é possível através de uma campanha especifica onde o projeto apresente uma face amigável aos empregados, de apoio, de compartilhamento na busca de soluções de segurança.

Uma ferramenta muito utilizada para este trabalho chama-se endomarketing, que, ao contrário do que se pensa, não deve ocorrer apenas durante a implantação de um projeto de segurança.

O corpo de segurança da empresa deve estar presente o ano todo, mostrando o que tem feito e o porquê faz.

Se o setor não tem motivos para fazer esta divulgação deve repensar sua missão. Será que ela está de acordo com a política da empresa, ou o gestor de segurança está sendo mais realista do que o rei?

O endomarketing nada mais é do que o marketing interno, voltado para o público interno. A ideia é mostrar o que o setor faz e para que o faz, quebrando o paradigma de que a segurança fica vigiando os empregados, buscando erros para comunicá-los e, consequentemente puni-los.

A segurança deve cumprir seu papel que é de minimizar as perdas e, consequentemente, aumentar os lucros da empresa através das ferramentas adequadas da segurança empresarial, de acordo com as políticas da empresa.

Obviamente, estes são apenas alguns exemplos a serem explorados, mas existem muito mais ferramentas que podem ser utilizadas e adaptadas para a segurança, de acordo com o negócio da empresa, os cenários prospectivos relativos à segurança deste negócio e os recursos disponíveis.

SISTEMA INTEGRADO DE SEGURANÇA – UMA FERRAMENTA DO GESTOR DE SEGURANÇA

A interconexão levada ao extremo, trazida pela globalização faz com que tudo o que ocorre num determinado local da terra acaba por afetar-nos de algum modo. É o efeito borboleta, elaborado primeiramente, pelo matemático americano **Edward Lorenz** em 1963.

Hoje temos alguns conceitos que demonstram a afirmação do filósofo de Éfeso, **Heráclito**, por volta de 520 a.C. para quem o mundo é um fluxo permanente em que nada permanece idêntico a si mesmo. É dele a afirmação de que "é IMPOSSÍVEL ENTRAR NO MESMO RIO DUAS VEZES". As águas já são outras e nós já não somos os mesmos.

Um desses conceitos é de Zygmunt Bauman, sociólogo, que escreveu no livro **A Cultura no Mundo Líquido Moderno** (2011) que a pós-modernidade trouxe com ela a fluidez do líquido, ignorando divisões e barreiras, assumindo formas, ocupando espaços diluindo certezas, crenças e práticas.

O professor Dr. Antonio Celso Ribeiro Brasiliano, em seu livro Inteligência em Risco (2016) descreve o fenômeno VUCA, uma sigla utilizada para descrever a volatilidade (volatility), a incerteza (uncertainty), a complexidade (complexity) e a ambiguidade (ambiguity) nos ambientes e situações de negócio. VUCA em inglês, VICA em português. Oriunda do vocabulário militar americano, o uso comum do termo VUCA começou no final dos anos 1990.

Com isso, concluímos que o mundo, e a segurança em particular, segue uma dinâmica bastante complexa e de difícil identificação de movimentos futuros, mesmo trabalhando com cenários prospectivos, ainda assim, estaremos sujeitos aos "cisnes negros" de Nassim Nicholas Taleb (livro: **A Lógica do Cisne Negro**, 2007).

Diante deste cenário de incerteza, cabe aos gestores de segurança a árdua tarefa de agir preventivamente à criminalidade, mesmo diante do que já foi exposto.

Uma das ferramentas desses gestores é o Sistema Integrado de Segurança, o SIS.

Não é possível se imaginar uma empresa competitiva atuando como era a algumas décadas, utilizando seus recursos (de todos os níveis) de maneira totalmente desintegrada.

A integração do sistema de segurança é uma exigência para que as metas sejam atingidas e haja uma aplicação inteligente dos recursos da empresa.

A nova integração do sistema de segurança passa por subsistemas que há alguns anos era totalmente dissociado, acarretando perdas financeiras e resultados duvidosos, sempre com uma visão de custo e não de investimento.

O Sistema Integrado de Segurança é composto por subsistemas que devem estar integrados a segurança são: meios organizacionais, os meios técnicos (ativos e passivos), os recursos humanos e a Inteligência empresarial.

Os meios organizacionais são as políticas, as normas, procedimentos, planos de segurança, de emergência ou de contingência, enfim, é a parte documental que orienta as ações da segurança em todos os níveis, desde o nível estratégico, como por exemplo, a política de segurança, até o nível operacional que orienta as ações através dos procedimentos de cada posto de trabalho.

Os meios técnicos ativos são representados pelas tecnologias utilizadas na segurança, como por exemplo, o CFTV, os sensores, o controle de acesso, o monitoramento, etc. São os recursos tecnológicos utilizados pela segurança.

Os meios técnicos passivos são representados pelas proteções perimetrais, pelo layout, pela blindagem, resistência de portas e paredes, etc.

Os recursos humanos são as pessoas que atuam na segurança, sejam elas gestores, coordenadores, supervisores ou vigilantes, controladores de acesso, todos têm papel essencial dentro deste sistema. Neste caso, a qualificação, os treinamentos, o posicionamento, etc. são as formas de avaliação deste subsistema. Além desses, os demais colaboradores também participam das ações de segurança, seja por seguir procedimentos de segurança ou na contribuição de informações relevantes.

A Inteligência Empresarial é a responsável pela coleta, análise e disseminação de Inteligência para os tomadores de decisão. Uma célula de Inteligência pode atuar em todos os níveis da organização, desde a estratégica até a operacional.

Em resumo: A Inteligência fornece as informações necessárias para a elaboração do planejamento e operações, de acordo com o nível do decisor. A tecnologia é sem dúvida o melhor acessório da segurança, dissuadindo, dificultando, detectando, alarmando, etc.

Os meios organizacionais são aqueles que orientarão as decisões, para situações críticas, é o que orienta a pessoa que deve agir diante de um alarme, por exemplo. Hoje os meios organizacionais estão disponíveis em formatos cada vez mais amigáveis e intuitivos (nos casos de software), facilitando o usuário e isso tem se tornado cada vez mais comum, tanto para gestão como para os níveis operacionais.

Porém, apesar de todo o avanço tecnológico que temos visto nos subsistemas citados, ainda é muito comum que os recursos humanos sejam deixados ao acaso, fazendo com que todo o sistema de segurança falhe.

Devemos lembrar que o ser humano é incontrolável, independente de toda a tecnologia, procedimentos e cenários, ele pode decidir de maneira equivocada, através do seu livre arbítrio e com isso quebrar o sistema de segurança. A eles, as pessoas, devemos investir de maneira sistemática na sua conscientização, sempre com o objetivo de melhorar a percepção dos riscos e ações antecipatória.

Para finalizar, deixo uma frase (adaptada) que demonstra a importância do treinamento dos colaboradores e atribuída ao ex-diretor e ex-reitor da faculdade de direito da **Universidade de Harvard, Derek Bok:** "Se você acha que a educação (treinamento) é cara, tenha a coragem de experimentar a ignorância".

A TEORIA DA JANELA QUEBRADA E SUAS APLICAÇÕES NAS ORGANIZAÇÕES

Na segurança empresarial existem diversas teorias que são utilizadas para a aplicação de medidas com o objetivo de diminuir os crimes.

Em 1969, nos EUA, mais precisamente na Universidade de Stanford, o professor de psicologia, **Phillip Zimbardo** fez uma experiência que ficou muito conhecida, principalmente pelos resultados alcançados na segurança pública de Nova York.

A experiência sobre psicologia social foi baseada na observação do comportamento das pessoas em relação às condições do local, ou o que ele representa.

Foram deixados dois carros idênticos em dois locais bastante diferentes em razão dos índices de criminalidade.

Um deles foi o Bronx, considerado um local de classe social baixa, na época, e com grandes índices de criminalidade. O outro veículo foi deixado em Palo Alto, uma área considerada de classe social mais elevada e com baixos índices de criminalidade.

Os veículos abandonados também tiveram um desfecho diferente, de acordo com o local onde foram deixados.

O do Bronx em algumas horas o carro havia sido depenado, levaram o rádio, o motor, os espelhos, as rodas, etc.

Já o veículo deixado em Palo Alto manteve-se intacto.

Nesse primeiro momento, pode-se concluir que a criminalidade está diretamente ligada a pobreza, obviamente, ao próprio local de alto índice de criminalidade.

Ocorre que o professor Phillip Zimbardo resolveu alterar as coisas. Ele queria demonstrar a forma como a psicologia humana tem relações diretas com as condições ambientais.

O veículo intacto há uma semana teve o vidro quebrado para que a experiência trouxesse resultado.

O que ocorreu a seguir foi o mesmo que havia ocorrido no Bronx, o carro foi depenado.

A conclusão do professor Zimbardo foi que o vidro quebrado transmitia uma mensagem de abandono, de desleixo, de falta de dono, enfim, de que não há lei nem regras. Se ele já está com a janela quebrada por que eu não posso levar o rádio, os pneus, o motor, etc.

Então, a cada vez que o veículo sofria uma agressão, as pessoas tinham a impressão de que poderiam agredir ainda mais.

Com base nesse experimento, **James Q. Wilson e George Kelling** fizeram outras pesquisas e desenvolveram a **teoria das janelas quebradas.**

A Teoria da Janela Quebrada foi publicada na revista americana **Atlantics Monthly**, em 1982.

As ideias expressas no artigo, escrito pelo cientista político James Q. Wilson e pelo psicólogo criminologista George Kelling, se tornariam a base para a polícia norte-americana. A base para a aplicação na segurança pública é que se ninguém faz nada por pequenos delitos, então, isso sugere que ninguém tomará nenhuma providência para delitos maiores. E foi com base nestes estudos que o prefeito de Nova York (1994 – 2001), Rudolph Giuliani implantou a política de segurança que ficou conhecida como **tolerância zero.**

Ela começou no metrô, autuando pequenos infratores e seguiu inibindo a criminalidade de modo geral.

Os crimes de "menor potencial ofensivo" como chamaram por aqui, caíram 44% e os homicídios caíram 61%.

A política de tolerância zero não se trata da truculência ou ações arbitrarias praticadas pela Polícia e sim o cumprimento da lei.

A tolerância zero praticamente sumiu das discussões do cotidiano dos EUA devido aos ataques de 11 de setembro de 2001. Inclusive, a atuação do prefeito na ocasião dos ataques, Rudolph Giuliani, também foi muito elogiada e é relatada no seu livro autobiográfico **O LÍDER** – a autobiografia do mais famoso prefeito de Nova York.

A mesma teoria ou política aplicada pelo prefeito Giuliani pode ser amplamente difundida nas organizações, começando pelo código de ética, coibindo pequenas infrações. Da mesma forma ela é plenamente aplicável à segurança privada. Assim como os problemas, as soluções também estão nas pessoas.

APLICAÇÃO DA TEORIA DO CÍRCULO CONCÊNTRICO NA SEGURANÇA FÍSICA

HISTÓRICO

O ser humano sempre buscou proteção, no início foram utilizados animais e utilizava-se do terreno como forma de proteção.

Já na Idade Média (entre os séculos V e o XV), na Europa se desenvolveram cidades que eram cercadas por muralhas, os castelos eram rodeados por fossos para aumentar sua proteção, posicionados em locais estratégicos de onde conseguiam visualizar a aproximação do inimigo e dificultar suas investidas.

Inclusive, foi baseada neste tipo de proteção que foi criada a teoria dos círculos concêntricos, criado em 1826 pelo economista alemão **Johann Heinrich Von Thunen**, que estabelece várias camadas de proteção ou círculos de proteção, que hoje utilizamos como barreiras para dificultarem a ação dos marginais. Sempre com o propósito de proteger os ativos mais importantes, que, obviamente, ficarão no centro destes círculos.

Hoje existem inúmeras condições mais favoráveis e, utilizando meios tecnológicos, aumentaram as condições de segurança física das empresas e moradias de todos os tipos.

De forma natural, as pessoas já aplicam esta técnica quando cercam sua área periférica, seja da casa, do condomínio ou da empresa.

Esta é a primeira barreira do círculo concêntrico, também conhecida como efeito cebola ou de camadas.

A porta da casa, por exemplo, já seria a segunda camada de proteção.

Também não há um número correto de círculos ou barreiras para se alcançar os ativos mais críticos, isso dependerá da estrutura e do terreno da empresa.

Normalmente têm-se os muros ou cercas, as portas e grades, salas em áreas segmentadas, separadas de outras áreas de circulação, salas cofres e todos os equipamentos e número de seguranças de acordo com a necessidade e recursos do negócio.

A partir do ataque terrorista às torres do WTC, ocorrido em 2001 nos EUA, a teoria evoluiu e passou a ser conhecida como Esferas Concêntricas, onde a segurança deve ter camadas no espaço aéreo e subterrâneo.

Para os profissionais da segurança empresarial, não se pode conceber a ideia de implantação de um sistema de segurança física sem antes ter sido elaborada uma análise de risco com a finalidade de identificar os pontos críticos de uma empresa e seus riscos. Essa análise de risco identificará qual a probabilidade e o impacto, caso o risco se concretize, para aquele tipo de negócio.

É a partir dessa avaliação que os planos são elaborados e as vulnerabilidades identificadas serão tratadas.

Um sistema de segurança é elaborado em razão dos ricos identificados e cada situação exigirá uma resposta diferente, de acordo com o tipo de negócio.

Podemos classificar as formas de segurança física, basicamente, em três tipos.

Humanos – os agentes de segurança (vigilantes).

Animais – cães e outros animais.

Meios Técnicos:

Meios Técnicos Ativos – são os dispositivos de segurança, como por exemplo: câmeras, sensores, centrais de monitoramentos, etc.

Meios Técnicos Passivos – são elementos estruturais, como por exemplo: muros, cercas, layout, resistência das portas, vidros e fechaduras, etc.

PLANO TÁTICO

De acordo com Brasiliano, em seu livro **Planejamento da Segurança Empresarial – Metodologia e Implantação** (Sicurezza, 1999), os objetivos táticos são:

"1° - Inibir, dissuadir o intruso – o agressor sente-se psicologicamente impedido de agredir a edificação/empresa, pois a utilização dos variados subsistemas de segurança, de forma ostensiva, provoca sua desistência. Pode-se citar como exemplos comuns: muros altos, boa iluminação, Circuito Fechado de Televisão, etc.

2° - Detectar o risco – significa identificá-los antes que o evento se concretize, ou seja, basicamente projetar um sistema que atue preventivamente.

3° - Impedir a agressão – através da implantação de barreiras físicas ou eletrônicas o agressor não cumpre sua finalidade, pois ou foi detectado antes de cometer a agressão ou fugiu quando identificado.

4° - Retardar a agressão – quando se implanta uma série de barreiras físicas e eletrônicas com o objetivo de retardar o agressor para que as forças de reação possam responder e atender a contingência.

5° - Responder a agressão – a resposta pode ser tanto humana, como a vinda da força de reação para combater a contingência, quanto como eletrônica, como o fechamento de portas, elevadores, dutos de ar condicionados entre outros. Com qualquer meio o importante é que a agressão tenha uma resposta efetiva. Caso contrário, o projeto de segurança se tornará ineficaz e cairá em descrédito, pois o agressor saberá o *"time"* necessário para realizar a agressão. " Brasiliano (1999, p. 145 e 146) - adaptado.

CONTROLE DE ACESSO

Nada mais usual em segurança física do que o controle de acesso.

Nesse caso, basicamente, podemos dividir em três formas para realizarmos o controle de acesso, de acordo com os meios utilizados e a necessidade de controle naquela área.

Normalmente, o material mais utilizado é o crachá, seja ele com código de barras ou com chip ou qualquer outro meio de identificação. Ele na verdade possui a característica de quem está portando-o, então ele é algo que você tem.

Outra forma de controle de acesso é quando você necessita digitar uma senha para ter acesso ao local protegido. Este tipo de controle de acesso depende de algo você saiba, no caso é a senha.

Ainda outro tipo, e que está sendo cada vez mais utilizado, é o sistema biométrico, que é algo que você é. Este sistema tem diversas variáveis, como as digitais, voz, Iris dos olhos, etc.

Então, resumindo, o controle de acesso depende de:

Algo que você possua (crachá ou cartão, por exemplo);

Algo que você saiba (senha, por exemplo); ou

Como você é (biometria, sendo bio (vida) + metria (medida).

Podemos juntar duas formas, ou seja, a esfera concêntrica, onde o gestor necessite segmentar o acesso, de forma que em alguns andares do prédio, por exemplo, ou alguma área específica deva ser melhor guarnecida e controlada de acordo com o ativo que ela protege.

Desse modo, o local poderia ter o aceso restrito, sendo necessária uma identificação positiva.

IDENTIFICAÇÃO POSITIVA

É o uso de dois ou mais métodos de identificação.

Pode ser, por exemplo, algo que você tenha (crachá ou cartão) + algo que você saiba (senha) ou então. Algo que você tenha (crachá ou cartão) + o que você é (biometria) e assim por diante.

Lembrando que estas exigências são determinadas de acordo com o tipo de ativo a ser protegido e a necessidade de maior segurança naquela área e isso será sempre determinado a partir de uma análise e avaliação dos riscos do negócio.

O TRIÂNGULO DO CRIME E O POSICIONAMENTO DA EQUIPE DE SEGURANÇA

É comum, infelizmente, que os vigilantes aprendam sobre seu posto de trabalho com outro vigilante, mais antigo. Dessa forma, como é comum para qualquer ser humano, cada um faz uma pequena adaptação do seu local de trabalho, de forma que, muitas vezes, acabam por comprometer a sua própria segurança e a do local que está sendo protegido. O correto é que o supervisor operacional, ao fazer a análise do local e de suas modificações físicas, de acordo com a localização do posto de serviço, deve instruir e explicar ao vigilante qual o melhor posicionamento e quais são suas atribuições naquele posto. Deve explicar os procedimentos de emergência, acionamento de alarmes, etc. como este artigo não tem a finalidade de explanar sobre as atividades do supervisor operacional, vamos direto ao assunto, antes, porém, é necessário relembrarmos o famoso triângulo do crime, cujo nome original é teoria de análise de problema que, na verdade, é uma adaptação de uma teoria da criminologia do ambiente – a Teoria da Atividade Rotineira. Essa teoria, formulada por Lawrence Cohen e Marcus Felson em 1979 (Social Change and Crime Rate Trends: A Routine Activity Approach) afirma que um crime ocorre quando um provável criminoso e uma vítima em potencial se convergem no mesmo tempo e lugar, sem a presença de um guardião capacitado. Ela ficou mais conhecida como triângulo do crime e demonstra como os vértices deste triângulo se encaixam para que o crime ocorra.

Lembremos que o triângulo tem três vértices, as quais são conhecidas como:

Motivação;

A motivação refere-se a vontade da pessoa em cometer o crime, ela deve ter **motivo** para a **ação.**

Esta motivação é de fórum pessoal, intimo, o qual não podemos mudar.

Algumas pessoas são motivadas a cometer um determinado crime porque querem mais dinheiro, outras porque querem fazer algo desafiador, outras por vingança, ou ainda para consumo de drogas ou até para comprar comida para os filhos. Podem ser motivadas até mesmo pela sensação de impunidade.

De qualquer forma, alguma coisa motiva esta pessoa a cometer um crime e esses fatores motivacionais o vigilante não poderá alterá-los, pois a decisão de fazê-lo ou não só depende da própria pessoa.

Conhecimento ou técnica;

O conhecimento ou a técnica para se cometer algum tipo de crime refere-se ao modo de como fazê-lo.

Imagine uma pessoa que queira roubar um carro. Ela deve ter um conhecimento mínimo de como desligar o alarme, de como abrir a porta do carro, como fazer uma ligação direta e até de como dirigi-lo.

Ou ainda, uma pessoa que queira roubar uma agência bancária. Ela deve ter algum conhecimento da rotina da agência. Ela deve tentar, através de algum conhecimento, render o vigilante, deve saber usar uma arma, deve preparar uma rota de fuga, para onde vão, qual o melhor caminho quando estiverem na rua.

Também deve conhecer alguma coisa sobre o sistema de alarme da agência ou em quanto tempo uma viatura da Polícia levaria para chegar ao local, se acionada.

Deve saber o horário que a agência tem maior numerário disponível.

Esta ação também dependerá exclusivamente do ladrão, não restando nenhuma ação ao vigilante que possa impedir a aquisição destes conhecimentos e outros, de acordo com o local "visitado" pelo assaltante.

Oportunidade;

A oportunidade refere-se às condições ideais para o cometimento do crime.

A pessoa que cometerá o crime já decidiu pela ação (já está motivado).

Ela também já sabe o que fazer (já possui a técnica ou o conhecimento).

Falta-lhe apenas a oportunidade.

É aí que entra a ação da equipe de segurança. É onde o posicionamento, a postura, a atenção e atitude do vigilante fazem a diferença.

De acordo com a situação e as condições que o local apresenta, é que se dará o desfecho de mais um crime.

Todos nós já ouvimos falar de casos onde uma ou duas pessoas entraram num estabelecimento e saíram sem fazer nada e, em seguida, assaltaram o estabelecimento ao lado.

Isso deve ter ocorrido porque eles não encontraram a situação adequada (oportunidade), provavelmente pelo posicionamento do segurança, pela quantidade de pessoas, pela dificuldade de acesso, ou seja, algo que dificultou a concretização do crime e eles procuraram uma nova alternativa.

Veja que neste caso eles já tinham a motivação e o conhecimento ou técnica, faltou-lhes apenas a oportunidade para fechar o triângulo do crime.

Agora que já vimos, através deste pequeno exemplo, que a ação da segurança deve basear-se em não dar a oportunidade que o criminoso precisa, veremos como a equipe de segurança poderá posicionar-se taticamente para criar esta dificuldade, e com isso, mitigar as chances de o marginal cometer o crime.

Aqui vão alguns exemplos:

Posicionamento:

O posicionamento refere-se a localização do segurança no posto de trabalho e serve para qualquer posto, inclusive postos móveis, como por exemplo, a escolta armada, segurança pessoal ou transporte de valores, por ocasião do embarque ou desembarque.

<u>Mantenha sempre as costas protegidas</u>. O vigilante não deve ficar de costas para janelas, portas ou corredores. Suas costas devem estar protegidas, a fim de evitar ser surpreendido e rendido.

<u>Observe as vias de acesso</u>. O vigilante deve observar todas as entradas e saídas que estejam em seu ângulo de visão.

Deve procurar os pontos críticos do estabelecimento que são onde os marginais teriam interesse em chegar.

Mantenha contato visual com seu colega. Um vigilante isolado é alvo fácil, principalmente em local onde o público tem acesso.

O vigilante não precisa ser visto por todos os outros vigilantes nem ver todos também, basta que um esteja vendo-o e que ele esteja vendo o outro. Dessa forma, qualquer ação contra qualquer vigilante será observada por pelo menos um colega.

Esta pequena diferença no posicionamento dificultará a ação criminosa, pois eles saberão que, num posto com três vigilantes, por exemplo, eles terão que render os três ao mesmo tempo, fato que dificulta muito a ação criminosa.

Ponto estratégico:

Quando falamos em posto estratégico, estamos nos referindo a localização do posto, principalmente quando se trata de um posto de serviço que só trabalhe um vigilante.

Este posto deve dar condições do vigilante observar os pontos críticos do local, que são os locais cobiçados pelos criminosos, deve dar visão aos locais de acesso, onde facilite a observação do vigilante, deve dar condições para ele se proteger e deve ter acesso a um sistema de comunicação, mesmo que seja apenas um botão de pânico.

Ação e reação do vigilante:

Hoje em dia é muito complicado falar em reação armada por parte do vigilante, primeiro porque cada vez que alguém saca uma arma estará, invariavelmente, colocando a vida de inocentes em perigo e isso não tem preço. Também porque seu treinamento não é suficiente para uma reação imediata, o que dificulta o êxito da reação. Infelizmente, temos visto pelos noticiários, reações fracassadas de vigilantes, inclusive ceifando a vida de inocentes.

Mas qualquer pessoa que trabalhe armada deve, além de conhecer tecnicamente o emprego de sua arma de fogo, deve conhecer a legislação para o emprego da arma, deve ainda, saber a hora e o local adequado para usá-la.

Deve saber de antemão que em determinados locais, onde o criminoso possa estar, ele jamais poderá usar sua arma sob pena de acertar um inocente.

Imagine uma situação onde o criminoso esteja junto a uma fila de clientes, ou empregados. Ele já deve saber que jamais tentará usar a arma num momento como este. Ele deve saber também que em seu posto de trabalho deve haver uma área onde sua reação poderia ser eficaz, como uma longa parede, onde, se ele errasse o tiro, este não traria risco a nenhum inocente.

A melhor hora para uma reação, quando isso é possível, é durante a fuga dos criminosos, quando eles desviam sua atenção e só pensam em fugir, porém nunca deve posicionar-se na rota de fuga dos criminosos, pois será atacado.

<u>Lembre-se: se você precisou sacar a arma é porque tudo o que foi planejado deu errado. A arma é o último recurso do homem de segurança.</u>

Atitude:

A atitude refere-se ao comportamento do vigilante. Muitas vezes a pessoa sabe o que fazer, porém não o faz, não toma atitude.

No nosso caso, é como um vigilante que vê uma pessoa com atitude suspeita e sabe que deveria alertar os colegas ou a central de segurança, porém não o faz, e o crime acontece.

A falta de atitude pode facilitar a ação criminosa, pois quem sabia o que deveria fazer não o fez, deixando que o criminoso encontrasse a oportunidade que procurava.

Postura do vigilante:

Muitas vezes os gerentes e supervisores orientam seus vigilantes quanto a sua postura, porém sem o devido esclarecimento.

O vigilante, em alguns casos, pensando apenas que se trata de uma questão estética, desconsidera as orientações, facilitando a ação do criminoso.

Veja o caso do uso das mãos nos bolsos da calça. Apenas este gesto, por mais simples que pareça, facilita a ação do criminoso, que pode aproveitar-se desta situação e render o vigilante ou até tomar-lhe a arma. Os poucos segundo para tirar as mãos dos bolsos podem custar-lhe a arma ou até a vida.

Permanecer de braços cruzados também não é uma postura adequada, dificulta sua reação, atrasando qualquer ação que ele poderia ter tido, inclusive o acionamento do alarme.

Atender as pessoas de modo displicente, principalmente com as mãos ocupadas, segurando um copinho de café ou um cigarro. Do mesmo modo que as situações citadas anteriormente, facilita a ação do criminoso.

Permanecer encostado, parecendo que está escorando a parede ou coluna, da mesma forma, pode ser rendido com facilidade, até mesmo tomando uma singela "rasteira".

De qualquer forma, estas situações podem criar a oportunidade que o criminoso procura.

Sabendo-se que a única dificuldade que o vigilante pode impor ao criminoso é a falta de oportunidade, criando dificuldades para suas ações. É assim que a equipe de segurança deve agir, posicionando-se taticamente no ambiente, de maneira a dificultar as ações criminosas, pois mesmo com o posicionamento, a atitude e a postura correta, o criminoso ainda pode tentar, mas pode se dar mal e acabar na prisão.

O posicionamento tático, a postura e atitude da equipe de segurança não garantem a segurança do local, mas, com certeza, dificulta a ação criminosa, dissuadindo a intenção do criminoso. Esse é o ponto em que devemos agir, dificultando, dissuadindo, não dando oportunidade para qualquer ação criminosa e para que a equipe de segurança se mantenha com o posicionamento adequado, com a postura correta e desenvolva a atitude de segurança é necessário treinamento e orientação constante.

Parafraseando Sun Tzu: **Não há mais do que cinco notas músicas, mesmo assim, a combinação dessas cinco faz surgir mais melodias do que jamais poderá ser ouvido.**

O CONTROLE DE ACESSO COMO SEGURANÇA FÍSICA

O ser humano sempre buscou proteção, no início foram utilizados animais e utilizava-se do terreno como forma de proteção.

Já na Idade Média (entre os séculos V e o XV), na Europa se desenvolveram cidades que eram cercadas por muralhas, os castelos eram rodeados por fossos para aumentar sua proteção, posicionados em locais estratégicos de onde conseguiam visualizar a aproximação do inimigo e dificultar suas investidas.

Inclusive, foi baseada neste tipo de proteção que foi criada a teoria dos círculos concêntricos, criado em 1826 pelo economista alemão Johann Heinrich Von Thunen. Que estabelece várias camadas de proteção ou círculos de proteção, que nada mais são do que barreiras para dificultarem a ação dos marginais. Sempre com o propósito de proteger os ativos mais importantes, que, obviamente, ficarão no centro destes círculos.

Hoje existem inúmeras condições mais favoráveis e, utilizando meios tecnológicos, aumentaram as condições de segurança física das empresas e moradias de todos os tipos.

Também não há um número correto de círculos ou barreiras para se alcançar os ativos mais críticos, isso dependerá da estrutura e do terreno da empresa.

Normalmente têm-se os muros ou cercas, as portas e grades, salas em áreas segmentadas, separadas de outras áreas de circulação, salas cofres e todos os equipamentos e número de seguranças de acordo com a necessidade.

 Para os profissionais da segurança empresarial, não se pode conceber a ideia de implantação de um sistema de segurança física sem antes haver sido elaborada uma análise de risco com a finalidade de identificar os pontos críticos de uma empresa e seus riscos. Essa análise de risco identificará qual a probabilidade e o impacto, caso o risco se concretize, para aquele tipo de negócio.

É a partir dessa avaliação que os planos são elaborados e as vulnerabilidades identificadas serão tratadas.

Um sistema de segurança é elaborado em razão dos ricos identificados e cada situação exigirá uma resposta diferente, de acordo com o tipo de negócio.

Podemos classificar as formas de segurança física, basicamente, em três tipos.

Humanos – os agentes de segurança (vigilantes).

Animais – cães e outros animais.

Meios Técnicos Ativos – são os dispositivos de segurança, como por exemplo: câmeras, sensores, centrais de monitoramentos, etc.

Meios Técnicos Passivos – são elementos estruturais, como por exemplo: muros, cercas, layout, resistência das portas e fechaduras, etc.

Nada mais usual em segurança física do que o controle de acesso.

Nesse caso, basicamente, podemos dividir em três formas para realizarmos o controle de acesso, de acordo com os meios utilizados e a necessidade de controle naquela área.

Normalmente, o material mais utilizado é o crachá, seja ele com código de barras ou com chip ou qualquer outro meio de identificação. Ele na verdade possui a característica de quem está portando-o, então ele é algo que você tem.

Outra forma de controle de acesso é quando você necessita digitar uma senha para ter acesso ao local protegido. Este tipo de controle de acesso depende de algo você saiba, no caso é a senha.

Inda outro tipo, e que está sendo cada vez mais utilizado, é o sistema biométrico, que é algo que você é. Este sistema tem diversas variáveis, como as digitais, voz, Iris dos olhos, etc.

Então, resumindo, o controle de acesso depende de algo que você possua (crachá ou cartão), ou de algo que você saiba (senha) ou de como você é (biometria, sendo bio (vida) + metria (medida).

Em alguns casos, onde a segurança seja mais rigorosa, dependendo do ativo a ser protegido, pode-se utilizar a identificação positiva, que é o uso de dois ou mais métodos de identificação.

Ode ser, por exemplo, algo que você tenha (crachá ou cartão) + algo que você saiba (senha) ou então. Algo que você tenha (crachá ou cartão) + o que você é (biometria) e assim por diante.

Lembrando que estas exigências são determinadas de acordo com o tipo de ativo a ser protegido e a necessidade de maior segurança naquela área e isso será sempre determinado a partir de uma análise e avaliação de riscos.

EQUIPAMENTOS ELETRÔNICOS IMPULSIONAM MERCADO DE SEGURANÇA

Pesquisa divulgada pela **Abinee (Associação Brasileira da Indústria Elétrica e Eletrônica)** prevê crescimento do mercado de segurança eletrônica no Brasil em 23% nos próximos dois anos. Tal fato, engloba o uso de pequenos equipamentos, mas tem como foco as centrais de monitoramento (CFTV). Conheça o modo de operação desses sistemas nessa edição.

Com toda a tecnologia e suas inovações aliadas ao aumento da insegurança em todo o país, bem como o aumento de renda da classe média e a baixa do dólar, a segurança eletrônica vem crescendo ano após ano.

Tal fato pode ser observado desde o uso de pequenos sistemas de segurança, principalmente o CFTV, em todos os segmentos, impulsionando um mercado que mantém perspectiva de crescimento há alguns anos.

Uma pesquisa divulgada pela Abinee (Associação Brasileira da Indústria Elétrica e Eletrônica), encomendada pela SIA (Security Industry Association) e realizada no primeiro trimestre de 2007, prevê que o crescimento do mercado de segurança eletrônica no Brasil será de 23% nos próximos dois anos, sendo a previsão média de alta para os próximos cinco anos de 16,2%.

A principal utilização profissional dessas tecnologias, que apoiam a segurança é, sem dúvida, a central de segurança ou monitoramento, em que se concentra uma satisfatória quantidade de equipamentos. Lembrando que a central de monitoramento é o cérebro de qualquer organização, quando o tema é segurança. Nela estão contidas as primeiras ações para reagir a imprevistos, pois a central recebe todo tipo de alarmes, acionando equipes de pronta-resposta da empresa ou os órgãos públicos, de acordo com a situação.

Modo de operação

A central de monitoramento pode funcionar internamente, quando a localização física da central fica no interior da empresa, shopping ou condomínio. Nesse caso, a mesma pode ser composta por pessoal próprio, normalmente da segurança orgânica, ou terceirizada, quando a empresa ou condomínio contrata uma prestadora de serviços para realizar o trabalho. Outra opção é que a central seja mista, permitindo que pessoas da própria empresa e terceirizados revezem ou trabalhem em conjunto na mesma central.

Já externamente, as centrais pertencem a uma empresa de prestação de serviços responsável pelo monitoramento de diversas outras empresas, residências, condomínios e lojas, caracterizando-se pelo espaço físico fora da área da empresa contratante.

Esses equipamentos fazem parte do dia-a-dia das empresas, sendo um novo nicho de mercado no segmento de segurança, apesar de não haver nenhum tipo de regulamentação específica para que a atuação das empresas nesse ramo.

Isso serve, não só para a empresa que faz o monitoramento, mas para as pessoas que trabalham na central.

Totalmente oposto às empresas de segurança privada, que além de serem fiscalizadas pelo Departamento de Polícia Federal, necessitam de uma certificação de segurança e autorização de funcionamento, exigem que os vigilantes frequentem cursos específicos, reciclagens periódicas e exames de saúde física e mental, além de não apresentarem nenhum antecedente criminal registrado.

Apesar de não haver uma lei para o exercício da função de monitoramento, é óbvio que as empresas idôneas devem seguir alguns critérios básicos para a seleção e recrutamento dos atendentes.

Seria imprudência, deixar alguém que possui antecedentes criminais, por exemplo, monitorar clientes, seja em âmbito residencial ou comercial.

Da mesma forma, é possível fazer uma analogia com as empresas de segurança privada, onde, infelizmente, a clandestinidade domina.

É só observar a quantidade de ocorrências que resultam em prejuízos para seus clientes, sejam materiais ou humanos.

Essas ocorrências se concretizam, justamente por terem a participação de pessoas despreparadas, atuando como vigilantes, normalmente com antecedentes criminais registrados.

O mesmo pode ocorrer com empresas que prestam serviço de monitoramento, portanto a seleção de pessoal e a exigência de alguns requisitos mínimos são essenciais.

Na central de monitoramento, o que o operador deve fazer é atender alarmes e chamados. Dele espera-se uma boa educação ao falar com os clientes, calma e conhecimento quanto aos procedimentos a serem adotados para cada caso.

O ideal é que o operador de uma central de monitoramento não possua antecedente criminal, seja educado, mantenha sigilo absoluto sobre os sistemas de alarme, clientes e procedimentos, e que consiga trabalhar sob tensão.

Este é um perfil básico.

Devemos ter em mente que as ações dos operadores irão gerar as reações previstas. Desse modo, fica clara a importância que se deve dar ao treinamento dessas pessoas.

Outro fator primordial para o bom atendimento são os meios organizacionais, ou seja, os procedimentos existentes, por escrito, que nortearão as ações do operador.

Deixar a decisão nas mãos do operador é mais fácil quando o mesmo possui um procedimento a ser seguido.

Assim a empresa tem como mensurar suas ações, de acordo com o padrão estabelecido.

Conclusão

A central de monitoramento é a interface de três meios básicos.

O primeiro refere-se aos equipamentos eletrônicos.

De nada adianta o uso de sistemas ultrapassados, de conhecimento geral, que possam ser burlados.

O segundo diz respeito aos recursos humanos, bem selecionados e treinados.

A recomendação é que não se economize em equipamentos ou treinamentos, fato comum em empresas prestadoras de serviços, que esquecem de treinar seu pessoal e reclamam dos resultados.

E, finalmente, os meios organizacionais, ou normas e procedimentos existentes por escrito, para que os operadores possam se orientar em cada situação. A união desses três: tecnologia, recursos humanos e meios organizacionais formam um sistema integrado de segurança adequado para o funcionamento de uma central de monitoramento.

Como o estatuto da segurança privada afetará as empresas de segurança eletrônica

As empesas de segurança eletrônica, apesar de serem de grande utilização na segurança, não fazem parte da atividade de segurança privada.

A segurança eletrônica é o apoio mais importante do sistema de segurança das empresas, com ampla utilização de diversos equipamentos e softwares, e é, sem dúvida, o segmento ligado a segurança privada que mais cresce no Brasil.

É difícil imaginar qualquer tipo de negócio (empresas, industrias, condomínios, etc.) que não façam uso de tecnologias aplicadas à segurança.

O crescimento tem como força motrizes o baixo custo, quando comparado com recursos humanos, o desenvolvimento tecnológico dos diversos tipos de equipamentos (câmeras, sensores, biometria, uso de internet, IoT, etc.), cada vez mais sofisticados e eficazes e a facilidade de acesso e utilização com softwares cada vez mais amigáveis e intuitivos para uso doméstico e profissional. É com essa tendência de crescimento que o segmento buscou um posicionamento na segurança privada, sendo atendido através do Projeto de Lei nº 135, de 13/05/2010, que revoga a lei 7.102/83 e outras.

A partir da promulgação desta nova lei (estatuto da segurança privada) as empresas de segurança eletrônica passarão a compor o rol das atividades de segurança privada, conforme prevista no Projeto de Lei.

O PL estabelece que existirão três tipos de empresas prestadoras de serviço de segurança privada:

I - As empresas de serviço de segurança privada (vigilância) que prestam os serviços previstos hoje na legislação com alguns acréscimos;

II – As escolas de formação de profissional de segurança privada;

III – As empresas de monitoramento de sistema eletrônico de segurança privada que prestam os serviços de monitoramento de sistemas eletrônicos de segurança e rastreamento de numerário, bens e valores.

A novidade, com foco neste artigo, passa a ser o incremento das empresas de segurança eletrônica (monitoramento), onde o PL prevê os tipos de serviços que essas empresas poderão prestar, que são:

I – A elaboração de projeto que integre equipamentos eletrônicos utilizados em serviços de segurança privada;

II – A locação, a comercialização, a instalação e a manutenção dos equipamentos referidos no inciso I;

III – A assistência técnica para suporte à utilização dos equipamentos eletrônicos de segurança e a inspeção técnica deles.

O PL prevê que as empresas que prestam os serviços de monitoramento de sistemas eletrônicos de segurança e rastreamento de numerário, bens e valores necessitarão de autorização prévia do DPF – Departamento de Polícia Federal, como já fazem as empresas de segurança privada atualmente.

O PL também determina a proibição de uso de arma de fogo nesta atividade, sendo ainda, autorizado o uso de armas de menor potencial ofensivo, conforme a regulamentação (p. ex.: armas de choque elétrico, cassetetes, bastões e tonfas, espargidores (sprays) de agentes químicos com ação lacrimogênea, sob a forma de espuma ou gel, etc.) podendo ou não utilizá-los.

Para a autorização da Polícia Federal, será exigida o capital social mínimo integralizado, em cada unidade da Federação, para o desenvolvimento das atividades dos prestadores de serviço de segurança privada, que no caso das empresas de monitoramento de sistemas eletrônicos de segurança será de R$ 100.000,00 (cem mil reais).

Caso a empresa preste mais de um tipo de atividade, será necessário acrescentar R$ 100.000,00 (cem mil reais) por atividade.

Este valor será reduzido a um quarto quando as empresas de serviço de segurança privada que prestem exclusivamente os serviços de segurança patrimonial e de eventos, atuarem sem utilização de arma de fogo.

A previsão do PL que passa a considerar a segurança eletrônica como atividade da segurança privada, ou seja, uma concessão do Estado, exige que as empresas comprovem a constituição de provisão financeira ou reserva de capital, ou contratar seguro-garantia, para adimplemento das suas obrigações trabalhistas, tributárias, previdenciárias e oriundas de responsabilização civil.

Sendo, neste caso, que a atividade de monitoramento passa a responder civilmente com responsabilidade direta pelas ocorrências, fato que deve ser levado em consideração, pois os custos em ocorrências de delitos que deveriam ser plotados pelo monitoramento poderão ensejar grandes perdas às empresas de monitoramento.

As exigências previstas no PL, afastarão as empresas de pequeno porte ou que não façam os recolhimentos trabalhistas previstos na legislação, pois a autorização de funcionamento deverá ser realizada pelo GESP – Gestão Eletrônica de Segurança Privada, e poderá estar integrada a diversos órgãos da União, capazes de identificar problemas de dívidas e repasses não realizados e impedir a concessão de autorização de funcionamento.

Ainda para a autorização de funcionamento, será exigida dos sócios ou proprietários, que estes não tenham possuído cotas de participação em empresas prestadoras de serviço de segurança privada cujas atividades tenham sido canceladas nos últimos cinco anos em decorrência de cancelamento da autorização para funcionamento.

Notem que empresas que apenas comercializam produtos eletrônicos, por exemplo, não estão inseridas nas atividades de segurança privada, podendo continuar funcionando como comércio, como são hoje.

Importante destacar que a lei, quando promulgada determinará o que deve ser realizado, sendo previsto a publicação num decreto que regulamente a lei, dessa forma, demonstrando como, o que estiver previsto na lei, será colocado em prática.

Posteriormente, a Polícia Federal estabelecerá os procedimentos administrativos (Portaria) para a execução da previsão legal.

O decreto poderá influenciar com grande impacto a forma de atuar das empresas de monitoramento.

Dessa forma, o que as empresas devem fazer é se prepararem para essa nova realidade, se ainda não o fizeram, e com isso, terão a oportunidade de aumentar a sua área de atuação e, consequentemente, seus clientes.

Para as empresas de monitoramento, surge um novo leque de opções para prestarem serviços, um novo mercado. Porém, traz novas exigências e a fiscalização direta da Polícia Federal, inclusive aumentando seus custos com autorizações, vistorias, formação de profissionais (que será detalhada posteriormente, através da Portaria da Polícia Federal), equipe de vendas para este novo mercado, etc.

Portanto, a preparação da empresa é fundamental para o sucesso, inclusive com novas parcerias que podem fazer a diferença na prestação de serviços.

Ainda há muita coisa para ser discutida em relação ao regramento da legislação e a participação das associações e demais interessados será essencial para evitar surpresas desagradáveis.

Para concluir deixo a citação de Alvin Tofler no livro **A Terceira Onda** (1980) "O futuro é construído pelas nossas decisões diárias, inconstantes e mutáveis, e cada evento influencia todos os outros. "

A COTIDIANA SENSAÇÃO DE INSEGURANÇA

Em relação à segurança pública, sempre entre os temas de maior preocupação dos brasileiros em todas as pesquisas, o que a sociedade pode esperar de melhoria para este novo ano que se inicia?

O Brasil passa por uma fase de muitas mudanças e isso ocorre em todo o mundo, mas nós estamos assistindo – todos os dias, a crimes cada vez mais fúteis, ceifando a vida de pessoas produtivas, acabando com famílias e trazendo sequelas irreparáveis aqueles que vivenciam estas atrocidades.

Muitas vezes assistimos nos programas de televisão (e estas cenas têm ficado cada vez mais rotineiras em nossas vidas) a crimes cometidos e imaginamos que isso está longe das nossas vidas, de nossos familiares e acabamos por não dar tanta importância à cena. Também, quando se está comentando um crime bárbaro, já aparece outro que tem maior repercussão, impedindo a devida reflexão sobre o que aconteceu.

As pessoas só se dão conta do quanto isso é perigoso quando se sentem envolvidas numa situação dessas, quando ocorre com pessoas próximas ou familiares.

Infelizmente a banalidade dos crimes e a impunidade foi uma das características marcantes do ano de 2013.

Outro dia, assistindo um programa de televisão onde mostrou como foi elucidado o crime do menino Ives Ota, de oito anos que após ser sequestrado foi morto por ter reconhecido um dos sequestradores, que era um policial militar que trabalhava para ao pai. Este crime teve grande repercussão na época, em 1997, mas que deixou lembranças inesquecíveis. No programa apresentado, foram condenados os três responsáveis pelo crime, sendo dois policiais. Eles tiveram penas de 43 anos de prisão cada um, mas todos foram liberados após seis anos de reclusão. Um deles, enquanto estava preso, ainda teve autorização para frequentar uma faculdade e formar-se bacharel em direito e convidou o pai do garoto assassinado para entregar-lhe o diploma, o que não foi aceito. Mas aqui dá para notarmos a que ponto chega a impunidade e o descaso com a vítima e seus familiares. Chega a ser uma provocação.

Este é apenas um exemplo, mas infelizmente, é apenas mais um entre tantos outros que seria impossível relacioná-los.

Com certeza, em muitos casos que tomamos conhecimentos, não se fez a justiça esperada pela sociedade.

A justiça pode ser entendida como respeito e igualdade entre todos e tem como objetivo basilar a manutenção da ordem social. Assim fica claro que a busca da ordem social através das ações punitivas – da forma como está acontecendo, não traz resultado em relação à reparação do dano, incentivando ainda mais o criminoso a ações delituosas, pois o crime não será pago na sua plenitude e o que vemos é que o criminoso volta a delinquir, tal a facilidade de se ver em liberdade novamente.

O resultado desse ciclo vicioso é que o cidadão de bem deve ficar trancado em casa, cada vez mais.

Reparem que cada dia é mais comum as restrições para que as pessoas possam andar livremente, tendo em vista que o nosso medo e a ousadia dos marginais são cada vez maiores.

A própria ação policial está mais restrita. Hoje o policial evita o confronto com marginais a fim de evitar problemas na instituição que tem como atividade fim, em última análise, a defesa da sociedade.

Existem muitos direitos humanos que só trazem benefícios para os "manos", dificultando a ação de repressão e facilitando a ação marginal. Basta observarmos o número de homicídios no Brasil, são maiores do que os das guerras do Iraque e do Afeganistão juntas.

Segundo a Organização Mundial de Saúde, a violência deve ser considerada epidêmica acima de 10 assassinatos a cada 100 mil habitantes por ano. No Brasil, o índice é de 27 homicídios, o que é quase o triplo do limite estabelecido pela **OMS** para considerar o crime violento como epidêmico.

São Paulo e Rio de Janeiro têm conseguido reduzir o número de homicídios, porém a sensação de insegurança ainda é muito grande e isso se deve, em parte, a grande repercussão na mídia televisiva, onde podemos constatar que os programas jornalísticos dão grande destaque aos crimes ocorridos nestas cidades. Além disso, outros crimes, considerados de menor poder ofensivo, aumentaram.

Hoje a sociedade assiste as mudanças com as prisões dos "mensaleiros" e também as futuras mudanças já anunciadas do Supremo tribunal Federal, já com a possibilidade de revisão das penas aos criminosos.

Assiste a uma polícia de mãos atadas, impedidas de agir de acordo com a eficácia necessária para mitigar crimes violentos ou não.

Todos veem a crescente onda de marginais se aproveitando do **ECA – Estatuto da criança e do Adolescente**, cada vez mais novos, impulsionados pela inimputabilidade e cada vez mais violentos no cometimento de crimes.

A impunidade, a ineficácia da aplicação da punição, com liberdade de todos os tipos e direitos que até os que nunca cometeram nenhum tipo de crime possuem, como por exemplo, o vergonhoso auxilio-reclusão, que pode chegar a R$ 975,00.

Vemos nossa liberdade restringida dentro da própria casa, quando temos que erguer muros, usar meios técnicos e uma série de cuidados que vão desde atender ao telefone até atender uma pessoa no portão ou o entregador de pizza.

Esta restrição à liberdade também ocorre fora de casa, quando temos que limitar horários, locais, itinerários e lazer pela sensação de insegurança que está presente em todas as pessoas.

A mudança desta situação não é para hoje, nem será para amanhã, mas ainda assim, dependerá de nós e também depende do primeiro passo.

Mudanças nas leis exige mudanças dos políticos que aí estão. Neste ano haverá eleições, se nós não nos distrairmos tanto com a copa e deixarmos que seus resultados influenciem na eleição, esse poderá ser o primeiro passo de uma longa caminhada que faremos juntos, com todos os brasileiros que acreditam que a saída não é o aeroporto.

MANIFESTAÇÕES E A CONVIVÊNCIA SOCIAL

Temos assistidos a diversas manifestações e minha indignação frente às reações da sociedade (ou parte dela), mas principalmente das autoridades me deixa inconformado e boquiaberto às soluções apresentadas até o momento.

Primeiro, acredito que devemos esclarecer que a manifestação - basicamente, nada mais é do que uma forma de ação de um grupo de pessoas em favor de uma causa. Então, ela pode e deve ser exercida por pessoas que acreditam numa causa, seja ela qual for, ou ainda, que discordam da forma com que as autoridades tratam determinados assuntos.

Nesse caso, fica claro que estamos falando de um local (país) democrático, onde as pessoas podem expressar suas opiniões de maneira livre, de acordo com as regras da democracia.

Platão escreveu que o que causa o nascimento a uma cidade é a impossibilidade que cada indivíduo tem de se bastar a si mesmo e a necessidade que sente de uma porção de coisas. Então é a necessidade de viver em sociedade (em grupos) e desde que o homem passou a viver em sociedade foi necessário criar regras sociais, de acordo com os padrões de comportamento daquele grupo de pessoas. Mais tarde vieram as leis, que são regras jurídicas estabelecidas pelas autoridades e, baseado nas leis vêm os crimes, que são puníveis.

A violência difere do crime, que precisa estar escrito na lei. A violência é inerente a vida em sociedade, pode ocorrer em qualquer ação social e nem sempre é crime. Existem vários tipos de violência (doméstica, no futebol, sexual, verbal, nas manifestações, etc.).

Há no Brasil uma forte corrente de pensamento, principalmente das mídias televisivas, que nos leva a crer na condição de que tudo é permitido, tudo é liberado, tudo é normal, mesmo que contrarie as leis ou as regras sociais.

Esta mesma linha de pensamento, agora com mais seguidores, também acredita que as "manifestações sociais" como vimos nestes últimos meses são normais e que o quebra-quebra faz parte dessas "manifestações".

Então assistimos as pessoas mascaradas, encapuzadas, com porretes e coquetel molotov nas mãos, ateando fogo em ônibus, carros e bancas de jornais, entre outros. E tudo isso é NORMAL!

Vimos os cidadãos de bem ficarem de joelhos frente a um bando de mascarados, chamados de black bloc, que é uma forma de agir e seu intento é o de quebrar qualquer coisa para protestar contra qualquer coisa, mesmo que coloquem vidas em risco.

E parte da sociedade aplaude esse vandalismo que as manifestações sociais se transformaram e que, a cada dia, tem novos adeptos e simpatizantes, com motivos mais diversos possíveis, que vão desde uma reivindicação até greves com consequentes perdas materiais e financeiras para o Estado, mas também para seus cidadãos.

Talvez as pessoas se esqueçam de que tudo que é quebrado e incendiado e que é público seremos nós mesmos que vamos pagar. A ficha demora um pouco a cair.

Quanto as autoridades, temendo enormemente repercussões negativas das mídias televisivas, nada fazem e ainda usam a Polícia como peça deste jogo que mistura política da pior espécie, mídia, ONG's que apoiam badernas, ocupações e bandidos de todos os tipos.

Sem ação ou apoio, pessoas de bem são reféns deste jogo também, não têm como se esconder ou se proteger dessas massas enlouquecidas, prontas para agir com violência contra qualquer um que se oponha aos seus desejos inconfessáveis.

Hoje em dia, por qualquer razão, uma pequena minoria se reúne e fecha uma avenida ou rodovia, sem se preocupar com nenhum tipo de repressão porque as Policias estão de mãos amarradas, já que qualquer ação policial vai virar contra eles mesmos.

Outro fato que chama a atenção é a questão Hollywoodiana. De repente, o estado decidiu que todos que vivem em comunidades carentes têm veia artística. Observe que todos os programas de apoio às comunidades são relacionados a dança, ao teatro, a música ou, em alguns casos, onde não identificam os artistas, então, identificam os atletas.

Desse modo, o futuro dessa geração será pragmático: ou serão artistas ou serão ou atletas.

Pela visão dos governistas (seja federal, estadual ou municipal) as profissões de técnicos, eletricistas, mecânicos, etc. devem estar com seus dias contados, pois o investimento é só para artistas ou atletas.

Na minha visão, bastante finita e de curto alcance, concordo, o investimento é no sentido de ensinar a pescar (usando um slogan antigo).

Será que as pessoas que hoje aprendem a dançar, cantar, lutar capoeira, etc. ganharão a vida com isso?

Poderão, finalmente, se desvencilhar da ajuda estatal para terem autonomia nas suas decisões e formarem famílias?

Qual o futuro, na visão dos governantes, para essa geração de artistas e atletas?

Bailes funk como projeto social (?) pagos com o dinheiro público (das prefeituras)?

Junte-se a esta geração a de estudantes e jovens trabalhadores que, a partir de suas reinvindicações, sejam elas quais forem, podem parar rodovias, impedir o trafego em grandes cidades, atear fogo em ônibus e carros, depredarem bens públicos e privados, usando máscaras para não serem identificados, negociando com autoridades (e ainda usando máscaras).

O Estado e seus representantes orientando a não reagir a nenhum tipo de assalto, a mídia fazendo sua apologia ao crime e a tudo que destrói a família, com seus apresentadores e "formadores de opinião" passando mensagens de que se você tentou reagir a qualquer tipo de crime, seja um roubo, um estupro ou uma agressão então. É VOCÊ QUE ESTÁ ERRADO! E justificam: se reagir eles matam mesmo! Também, a vítima só tinha trinta reais no bolso... eles matam mesmo! (?)

Essas manifestações, só no Rio de Janeiro, de junho até agora, de acordo com a revista Nº 2.291 (outubro/2013) da **ISTOÉ** renderam R$1,3 bilhão de prejuízos ao comércio. Foram destruídos 1.295 mobiliários públicos (lixeiras, abrigos de ônibus, relógios, luminárias, etc.) gerando R$ 3 milhões de prejuízos. Tiveram 27 ônibus depredados e incendiados entre outros prejuízos que todos, de uma forma ou de outra, pagarão.

Tudo isso é o que está formando a nossa próxima geração.

São estes conceitos de liberdade sem regras, sem leis, sem que ninguém se oponha que estão formando "o futuro do Brasil".

Espero, com sinceridade, que minha visão esteja errada, para o bem do Brasil e dos brasileiros.

Para finalizar quero deixar a frase, que já usei várias vezes, é verdade, mas que acho extremamente pertinente nesta situação. Ele foi uma pessoa que participou de muitas passeatas (sem violência) e que recebeu o Prêmio Nobel da Paz, em 1964. **Martin Luther King**, e uma frase dele que eu gosto muito é, mais ou menos assim: ""O que mais preocupa não é o grito dos corruptos, dos violentos, dos desonestos, dos sem caráter, dos sem ética. O que mais preocupa é o silêncio dos bons."

A SEGURANÇA PÚBLICA É COMPARTILHADA

Antes de falarmos em integração entre a segurança pública e a segurança privada é preciso entender que a segurança depende de todos, como consta na Constituição Federal. A segurança pública é compartilhada. Então a integração não é uma sugestão ou ideia nova, ela é uma necessidade que já vem se fortalecendo naturalmente, principalmente devido ao avanço tecnológico que vem crescendo a passos largos. Basta observar a quantidade de crimes solucionados com base nas imagens de câmeras particulares. Além disso, a interface dos problemas também são as interfaces das soluções. Da mesma forma que existe a criminologia, que é a ciência que estuda o crime e o criminoso, existe a vitimologia, que é estudo sobre os aspectos da vítima, sejam eles psicológicos, biológicos ou sociais. Tudo está relacionado, todos nós somos responsáveis.

Também precisamos lembrar que a violência é um fenômeno histórico-social, que é inerente ao convívio social e a própria sociedade em geral, que está presente em todas as camadas sociais, e, necessariamente não são cometidas por criminosos. Isso porque a criminologia não tem relação direta-obrigatória com a violência. Aquilo que é considerado crime, necessariamente não quer dizer que seja violento. A criminalidade é um fenômeno jurídico, está na Lei. A violência está nas ações das pessoas, ainda que nãos seja crime. Como por exemplo, podemos citar o crime de lavagem de dinheiro ou de corrupção, que necessariamente não exige o uso de violência física para a execução.

A violência é um fenômeno complexo, que envolve diversas áreas, além de estudos históricos, antropológicos, sociológicos, políticos, econômicos, criminológicos e outros para podermos entender suas causas e identificarmos os **Fatos Portadores de Futuro** – que, de acordo com Raul Grumbach, são *"fatos de comprovada existência, sinalizadores de uma possível realidade que irá se formar no futuro, isto é, fenômenos ou circunstâncias, relacionados com cada uma das dimensões em estudo"*. Esses Fatos Portadores de Futuro sinalizam as incertezas críticas e ações inevitáveis, para as quais devemos nos preparar. Como exemplo podemos citar o caso da falta de atualização do Código Penal.

Não há uma solução fácil ou rápida para a mitigação da violência ou da criminalidade, de forma que esses índices atinjam valores suportáveis para toda a sociedade. Até porque não está escrito na testa da pessoa que ele é um criminoso, aliás, essa tese já caiu por terra há muito tempo (teoria Lombrosiana).

O que vemos hoje é que o medo e a sensação de insegurança mudaram a arquitetura das cidades, com casas e condomínios parecendo castelos medievais e as pessoas alterando seus hábitos para se protegerem.

Onde entra a segurança privada neste contexto:

A segurança privada tem a finalidade de complementar a segurança pública, inclusive seu surgimento já nos remete a esta finalidade. Hoje a segurança privada possui recursos tecnológicos que podem ser auxiliares nas investigações criminais, porém, acredito que o foco deve manter-se na prevenção e para esta ação, e nesse caso, a melhor ferramenta é a Inteligência.

A Inteligência empresarial, aliada a Inteligência das policias podem trazer muito mais resultados antecipatórios, trocando informações de uso comum na segurança, fazendo análises das informações e disseminando-as em momentos oportunos, às pessoas que podem tomar ações inibitórias, seja na distribuição do efetivo, seja efetuando prisões ou monitorando situações que podem evoluir para o crime, o importante é agir antecipadamente.

Uma das formas de se desenvolver essas ações é através dos **CONSEG** (Conselhos Comunitários de Segurança) específicos da segurança onde representantes da segurança de empresas, bancos, indústrias, etc. poderão tratar de assuntos pertinentes com a Guarda Municipal, Polícia Militar e Polícia Civil da região.

Um exemplo de case de sucesso neste sentido foi a redução de roubos de cargas nas rodovias de São Paulo, a partir de uma parceria entre a Secretaria de Segurança Pública e o setor de segurança da **Federação das Empresas de Transporte de Cargas do Estado de São Paulo (FETCESP)**. Com a troca de informações foi possível cruzar os dados sobre crimes disponibilizados pela Secretaria de Segurança com as informações mais detalhadas fornecidas pelas transportadoras e seguradoras, como tipos de carga, valores roubados e estradas mais visadas, permitindo o mapeamento dos locais com maior incidência de roubos e melhores análises do perfil dos crimes.

A reforma do Código Penal deve ser o alicerce de qualquer política de segurança pública, não é possível alcançar o sucesso neste projeto sem as alterações necessárias. A progressão de pena, como é feita hoje, só favorece o marginal e expões a sociedade. O número de reincidentes em crimes já expõe o erro grave da progressão da pena. A quantidade crescente de adolescentes, cada vez mais violentos, encabeçando crimes e assumindo-os para livrar aqueles que têm idade para ir para a prisão é uma afronta a inteligência da sociedade. A corrupção policial deve ser punida exemplarmente, já que este tipo de crime torna a população refém do "Estado" e do marginal.

A reforma do Código Penal é um fator motriz, que pode alavancar a redução da criminalidade.

Nos casos de crimes consumados, cabe a população o fornecimento de informações para a elucidação de crimes. Um exemplo é o sucesso do telefone 181 (disque denúncia), lembrando que a segurança pública é atribuição do Estado, mas a responsabilidade é de todos nós.

Está claro que a diminuição da criminalidade não é tarefa fácil e dependerá do envolvimento de toda a sociedade.

Para finalizar, quero deixar uma frase bastante conhecida do Martin Luther King que diz, mais ou menos assim: **"O que mais preocupa não é nem o grito dos violentos, dos corruptos, dos desonestos, dos sem caráter, dos sem-ética. O que mais preocupa é o silêncio dos bons".**

LUTA INGLÓRIA

O criminoso não descansa, está sempre buscando alternativas, aproveitando-se das vulnerabilidades da segurança para buscar seu intento.

Todos conhecem muito bem o triângulo do crime (cujo nome original é teoria de análise de problema) que, na verdade, é uma adaptação de uma teoria da criminologia do ambiente – a **Teoria da Atividade Rotineira**. Essa teoria, formulada por Lawrence Cohen e Marcus Felson em 1979 (Social Change and Crime Rate Trends: A Routine Activity Approach) afirma que um crime ocorre quando um provável criminoso e uma vítima em potencial se convergem no mesmo tempo e lugar, sem a presença de um guardião capacitado. Ela ficou mais conhecida como triângulo do crime e demonstra como os vértices deste triângulo se encaixam para que o crime ocorra.

Apenas para recordar, vou destacar de modo sucinto os vértices do triângulo do crime.

O triângulo, formado por três vértices que são denominados: MOTIVAÇÃO, TÉCNICA/CONHECIMENTO e OPORTUNIDADE, sendo:

Motivação - como o nome já diz, é *motivo para ação*, fato que depende apenas da pessoa e é de foro íntimo, que pode ser o desejo, a vontade ou a necessidade de fazer alguma coisa. Este é um dos vértices que não há como a segurança impedir, pois como dito, é de foro íntimo, só depende dele (do criminoso).

Técnica/conhecimento - são as habilidades aprendidas na rua, através das mídias e outras fontes, mas principalmente nas prisões, para o cometimento de um crime. *É o como fazer*.

Oportunidade - é a condição, a vulnerabilidade física ou pessoal, momentânea ou permanente, da qual o marginal se aproveita para cometer o crime. São as *facilidades encontradas*.

Essas facilidades são justamente as nossas fraquezas, nossas vulnerabilidades.

Para exemplificar, podemos citar o caso de um ladrão que vai furtar um veículo.

A sua motivação pode ser vender o carro para comprar drogas, ou usá-lo em outro crime, ou dar umas voltas na cidade, tanto faz, a motivação é só dele.

A técnica/conhecimento é demonstrada na forma com que ele consegue abrir a porta do veículo, desligar o alarme, fazer a ligação direta e até desligar o rastreador. São conhecimentos e técnicas que não são aprendidas em escolas e sim nas ruas ou nas prisões e por vezes na mídia.

Já a oportunidade se faz com as condições em que o veículo se encontra. Se estiver na rua, se a rua é escura, se é uma rua de pouco movimento, se o veículo é de um tipo visado pelos marginais, etc. Isso não quer dizer que seria necessária juntar todas essas condições para que o furto ocorresse, mas elas contribuem para isso. Elas dão a oportunidade para o ladrão agir. Se o veículo estiver na garagem, por si só não impediria o furto, mas dificultaria, poderia tirar a oportunidade de ação do marginal.

E é nesse vértice onde a segurança pode atuar - na oportunidade. É dificultando a ação do marginal, seja através de um posicionamento adequado do vigilante, da instalação em local adequado de uma câmera, na colocação de um cadeado, um controle de acesso, na iluminação, no estado de alerta de uma pessoa, etc.

Não há risco zero, isso significa que por mais equipamentos, vigilantes, procedimentos, planos e até o fato de estarmos alertas o tempo todo, ainda assim, sempre haverá risco.

O que podemos fazer é mitigar as chances do marginal, dificultando suas ações através da dissuasão.

A dissuasão é a primeira barreira para impedir a ação marginal. É quando ele desiste de agir devido a falta de oportunidade, que é a dificuldade imposta pela segurança. Este é, sem dúvida, um fator psicológico, mas que influencia na decisão do meliante a ponto de fazê-lo desistir da ação ilícita.

Detectar é a segunda linha de defesa, ela informa que alguém está tentando entrar numa área restrita, identificando uma possível agressão.

Retardar a ação criminosa é outra linha de defesa, que consiste em atrasar ou dificultar o acesso a um determinado ativo, gerando o tempo necessário para nossa última linha de defesa que é a reação.

A reação é a última linha de defesa, ela será a última possibilidade de impedimento da concretização do crime. Nesse caso é essencial haver os meios necessários para uma reação eficaz.

Essa sequência é por vezes alterada ou suprimida em algumas situações, mas didaticamente, são as fases para mitigar o crime e largamente utilizada na implantação de um projeto de segurança.

Voltando ao exemplo do furto do veículo, a dissuasão ocorre quando o ladrão enxerga as dificuldades para poder agir impunemente, fazendo com que ele desista do seu intento.

Mas ele pode tentar furtar o veículo, mesmo vendo que o local é inadequado para uma ação com baixas chances de sucesso.

Nesse caso, assim que ele iniciar a tentativa do furto, será identificada a sua ação, seja através de um equipamento na garagem (alarme, por exemplo), ou através da visualização de alguém. Sua ação será detectada.

A dificuldade para alcançar seu objetivo, seja através do portão, muro, se desvencilhando de um alarme do veículo ou travas instaladas de modo a ser suficientes para que o proprietário ou responsável pela guarda do veículo tome uma ação, a qual pode ser de reagir ou da chegada da polícia ao local.

A ideia foi expor de maneira simples alguns conceitos que podem ser utilizados na nossa segurança, seja ela pessoal ou de patrimônio, seja ela corporativa, na aplicação dos meios adequados para proteger a empresa.

Tenhamos em mente que a criminalidade nunca terá fim e depende de nós mesmos nos prepararmos para enfrenta-la na medida do possível.

Para finalizar, deixo uma pequena citação do pensador francês **Émile Durkheim**, um dos autores mais citados quando o assunto é criminologia, que demonstra que a criminalidade atual não é fruto deste cenário de crise que o Brasil e mundo passam agora. Veja o que ele escreve em sua obra **As Regras do Método Sociológico**, de 1895:

"O crime não se produz só na maior parte das sociedades desta ou daquela espécie, mas em todas as sociedades, qualquer que seja o tipo destas. Não há nenhuma em que não haja criminalidade. Muda de forma, os atos assim classificados não são os mesmos em todo o lado; mas em todo o lado e em todos os tempos existiram homens que se conduziram de tal modo que a repressão penal se abateu sobre eles"

BREVE HISTÓRICO DO CRIME ORGANIZADO

ORIGEM DO CRIME ORGANIZADO:

É certo que ações violentas são cometidas mesmo antes da existência da palavra crime, ou seja, antes das regras de condutas estipuladas pelas primeiras sociedades.

Também, há muito tempo, o homem percebeu que trabalhar em grupo pode trazer mais resultados ou resultados mais rápidos e com os criminosos isso não foi diferente.

Ocorre que a organização criminosa até hoje tem diversos conceitos e muitos atribuem estes conceitos a qualquer grupo que cometa um crime, que com a ajuda da mídia e suas hipérboles jornalísticas, disseminaram este conceito na sociedade. Desse modo, qualquer grupo de pessoas pode ser considerado como crime organizado (na visão de algumas pessoas da mídia).

FATOS HISTÓRICOS:

Do mesmo modo que houve a necessidade de segurança pelos primeiros habitantes da terra e eles perceberam que unidos teriam mais chances de sobrevivência, seja de ataques de animais ou de grupos rivais, assim tem início o crime organizado.

Alguns fatos históricos nos mostram a união de criminosos como os piratas que nos anos 70 a.C. sequestraram Júlio César e exigiram 1,5 mil kg de prata por ele. O resgate foi pago, e César, libertado, mas o senador não descansou até que eles fossem presos e crucificados.

Já na Idade Média a expressão societas sceleris (sociedade de criminosos), que se aplicava a grupos de bandoleiros e a associações secretas com fins políticos e ilegais atuavam na Europa.

De acordo com o Antropólogo **Roberto da Mata**, *"A pirataria, sobretudo no século 17, reuniu vários elementos que se mantêm entre os contraventores modernos: organizava-se segundo uma hierarquia, roubava, sequestrava, contrabandeava e traficava, aproveitando-se da corrupção estatal e de demandas da população. Às vezes, também agiam sob a égide do Estado, como os corsários da coroa inglesa"*. Só pra lembrar, estamos falando do século XVII.

ORGANIZAÇÕES MAIS CONHECIDAS:

Ainda segundo Roberto da Mata, em artigo da revista Aventuras na História, edição 087/2010, O crime organizado contemporâneo, porém, é capitalista, não existiria sem o modelo atual de mercado.

MÁFIA ITALIANA (inclui Cosa Nostra Siciliana, Camorra, 'Ndranguetha e Sacra Corona Unita).

ORIGENS: milícias contra invasores na Sicília medieval.

INTEGRANTES: 25 mil membros, dos quais 5 mil só da Cosa Nostra.

ESPECIALIDADES: Tráfico de drogas/Tráfico de armas/Serviços de "proteção" a empresas e pessoas/Participação em obras e serviços públicos/Extorsão e sequestro/Lavagem de dinheiro (especulação nos mercados imobiliário e financeiro, por exemplo) Negócios legais (hotéis e coleta de lixo, por exemplo).

CONEXÕES: cada máfia italiana tem parcerias entre si e com as demais organizações estrangeiras, como a americana e a japonesa. Segundo o FBI, tem células em vários países (inclusive no Brasil), somando 250 mil representantes.

COSA NOSTRA AMERICANA

ORIGENS: imigração italiana, segunda metade do século 19.

INTEGRANTES: 3 mil, em 25 "famílias".

ESPECIALIDADES: Tráfico de drogas/Tráfico de armas/Serviços de "proteção" a empresas e pessoas/Prostituição e pornografia/Jogos de azar/Extorsão e sequestro/Lavagem de dinheiro (especulação nos mercados imobiliário e financeiro, por exemplo) / Negócios legais (hotéis e coleta de lixo, por exemplo)

CONEXÕES: todos os outros grandes grupos, a exemplo das tríades, têm células ou clãs nos Estados Unidos, apesar do trabalho intenso de combate aos criminosos.

YAKUZA

ORIGENS: meliantes, samurais, jogadores e ambulantes do século 17.

INTEGRANTES: cerca de 85 mil divididos em 3 mil grupos.

ESPECIALIDADES: Tráfico de drogas/Serviços de "proteção" a empresas e pessoas/Prostituição e pornografia/Extorsão e sequestro/Tráfico de pessoas (prostituição, trabalhos forçados e imigração ilegal, sobretudo) /Lavagem de dinheiro (especulação nos mercados imobiliário e financeiro, por exemplo) /Negócios legais (hotéis e coleta de lixo, por exemplo).

CONEXÕES: vende proteção a empresas japonesas em dezenas de países. Pratica fraudes e extorsões nesses locais, como o Brasil.

BICHEIROS

ORIGENS: jogo criado para promover o zoológico no fim século 19.

INTEGRANTES: mais de 20 mil só no Rio, incluindo os apontadores do jogo.

ESPECIALIDADES: Pirataria (produção e comércio de produtos falsificados) / Jogos de azar / Lavagem de dinheiro (especulação nos mercados imobiliário e financeiro, por exemplo) /Tráfico de drogas.

CONEXÕES: a exploração dos caça-níqueis tem ligação com a lavagem de dinheiro da máfia italiana.

COMANDO VERMELHO

ORIGENS: presídio de ilha Grande, anos 1970.

INTEGRANTES: somados aos ADA e TCP, mais de 16 mil.

CONEXÕES: o Rio é rota do tráfico internacional de drogas, a serviço da cocaína colombiana e boliviana, sobretudo. Segue para Europa e EUA por navio.

ESPECIALIDADES: Tráfico de drogas/Tráfico de armas/Roubos/Extorsão e sequestro/Lavagem de dinheiro (especulação nos mercados imobiliário e financeiro, por exemplo).

PCC

ORIGENS: Centro de Reabilitação Penitenciária de Taubaté, anos 1990.

INTEGRANTES: cerca de 15 mil filiados.

CONEXÕES: além dos mesmos vínculos do CV, são investigados contatos em Portugal e com traficantes nigerianos e mexicanos. O porto de Santos é um dos mais usados.

CONCEITUANDO O CRIME ORGANIZADO:

Apesar das dificuldades em definir o crime organizado, vejamos alguns conceitos.

Segundo, Fausto Martin de Sanctis, no livro **Crime Organizado e Lavagem de dinheiro**, (2009) "A convenção das Nações Unidas contra o crime Organizado Transnacional, Convenção Palermo, de 15/11/2000, aprovada pelo Decreto Legislativo, 231 de 29/05/2003 e promulgado pelo Decreto 5.015 de 12/03/2004 considera grupo criminoso organizado o "Grupo criminoso organizado" - grupo estruturado de três ou mais pessoas, existente há algum tempo e atuando concertadamente com o propósito de cometer uma ou mais infrações graves ou enunciadas na presente Convenção, com a intenção de obter, direta ou indiretamente, um benefício econômico ou outro benefício material". No mesmo livro ele cita que a definição é muito abrangente e deve merecer interpretação restritiva.

Para a estrutura do crime organizado, Guaracy Mingardi, no seu livro **O Estado e o Crime Organizado** (1996) aponta quinze características do crime organizado. São elas:

1) práticas de atividades ilícitas;

2) atividade clandestina;

3) hierarquia organizacional;

4) previsão de lucros;

5) divisão do trabalho;

6) uso da violência;

7) simbiose com o Estado;

8) mercadorias ilícitas;

9) planejamento empresarial;

10) uso da intimidação;

11) venda de serviços ilícitos;

12) relações clientelistas;

13) presença da lei do silêncio;

14) monopólio da violência;

15) controle territorial.

Ainda como curiosidade, lavagem de dinheiro, também bastante utilizada na mídia, segundo Percival de Souza, no livro **Narcoditadura,** (2002) *"é uma expressão que vem dos tempos de Al Capone, quando seu contador em Chicago, que se aproximava dos anos 30, Meyer Lansk, teve a ideia de montar uma rede de máquinas automáticas de lavar roupa. Foi a forma de dar uma aparência legal às atividades de roubo a bancos e exploração de mulheres. Assim, o dinheiro tido como sujo poderia ficar embranquecido, limpo. No caso do tráfico de drogas, não é diferente".*

CENÁRIOS FUTUROS:

Estimativa da ONU indica que os grupos transnacionais movimentam hoje 130 bilhões de dólares por ano (228 bilhões de reais) - mais do que toda a riqueza gerada pelo Líbano, Uruguai, Paraguai e Cabo Verde juntos - só em tráfico de pessoas, armas, cocaína, heroína, recursos naturais, produtos falsificados, cibercrime e pirataria marítima.

Apenas o narcotráfico vale 105 bilhões de dólares (sem maconha e anfetaminas).

Incluídas outras atividades ilícitas, além dos resultados locais das gangues, o número pode ser bem maior.

Segundo **Moisés Naim**, ex-diretor do Banco Mundial, alcança 20% de toda a economia, cerca de 12,5 trilhões de dólares.

No livro **O Relatório da CIA como será o Mundo em 2020**, (2006), antecipa: *"Alguns sindicatos do crime organizado firmarão alianças informais uns com os outros. Eles tentarão corromper os líderes de países instáveis, economicamente frágeis, insinuando-se em bancos e empresas problemáticos, explorando tecnologias da informação, além de cooperar com movimentos insurgentes para controlar grandes áreas geográficas. Os sindicatos criminosos, particularmente os cartéis de tráfico de drogas, podem conquistar controle virtual sobre regiões inteiras, nas quais os governos centrais não conseguem fazer valer a lei".*

CONCLUSÃO

O crime organizado não é um fato brasileiro, ele é transnacional, passando por diversas culturas e remonta dos tempos mais antigos que se tem notícia.

O que muda e o que pode mudar é a forma como nós cuidamos disso.

Nossa reação enquanto cidadãos e governantes. O quanto podemos nos unir e mudar as leis, os governantes (já que há consenso que não existe crime organizado sem corrupção).

Na verdade, o próprio crime organizado já nos deu a resposta: União.

O Comando Vermelho foi criado com um "estatuto" que tinha o objetivo de evitar a violência, mortes, venda pelos carcereiros dos "novatos" aos presos mais antigos. O PCC foi criado em 1993 depois do chamado massacre do Carandiru, com o objetivo de dar assistência aos presos, reivindicar direitos dos presos e vingar a morte de 111 detentos do pavilhão 9 do Carandiru (1992).

Deixo uma frase que gosto muito de usar e que reflete bem a situação que vivemos hoje: "O que me preocupa não é nem o grito dos corruptos, dos violentos, dos desonestos, dos sem caráter, dos sem ética... O que me preocupa é o silêncio dos bons". Martin Luther King.

BREVE HISTÓRICO DA INTELIGÊNCIA

A mais antiga referência a uma atividade de informações e, ao mesmo tempo, diplomática, encontra-se no velho Egito, época da 18ª dinastia. No reinado de Sesostris, um correio periódico unia o Egito à Síria, acumulando as funções de enviado diplomático e de meio de ligação entre o Faraó e suas províncias. Na batalha de Kadesh (1278 A.C.), usaram as informações o Faraó Ramsés II e o Rei Hitita Muvattalish.

A curiosidade faz parte da natureza do ser humano.

Na história da Grécia antiga, o templo de Apolo, incrustado na fascinante paisagem montanhosa de Delfos, abrigava o poderoso oráculo e era o mais importante local religioso do antigo mundo grego. Os generais buscavam conselhos do oráculo a respeito de estratégias de guerra. Os colonizadores procuravam orientação antes de suas expedições para a Itália, Espanha e África. Os cidadãos consultavam-no sobre investimentos e problemas de saúde.

As recomendações do oráculo emergem de forma notável nos mitos.

Quando Orestes perguntou-lhe se deveria vingar a morte de seu pai, assassinado por sua mãe, o oráculo encorajou-o. Édipo, avisado pelo oráculo de que mataria o pai e se casaria com a mãe, esforçou-se para evitar este destino, mas fracassou de forma célebre.

O oráculo de Delfos funcionava em uma área específica, o adito ou - área proibida -, no núcleo do templo, e por meio de uma pessoa específica, a pitonisa, escolhida para falar, como uma médium possuída, em nome de Apolo, o deus da profecia. A pitonisa era mulher, algo surpreendente se levarmos em conta a misoginia grega. E, contrastando com a maioria dos sacerdotes e sacerdotisas gregas, a pitonisa não herdava sua posição pela nobreza de seus vínculos familiares. Embora devesse ser natural de Delfos, poderia ser velha ou jovem, rica ou pobre, bem-educada ou analfabeta. Ela passava por um longo e intenso período de treinamento, assistida por uma congregação de mulheres de Delfos, que zelavam pelo eterno fogo sagrado do templo.

"A tradição atribuía a inspiração profética do poderoso oráculo a fenômenos geológicos: uma fenda na terra, um vapor que subia dela e uma fonte de água.

Há mais ou menos um século, os estudiosos rejeitaram esta explicação quando os arqueólogos, escavando o local, não encontraram qualquer sinal de fenda ou gases. Mas o antigo testemunho está bastante difundido e provém de várias fontes: historiadores como Plínio e Diodoro, filósofos como Platão, os poetas Ésquilo e Cícero, o geógrafo Estrabão, o escritor e viajante Pausânias e até mesmo um sacerdote de Apolo que serviu em Delfos, o famoso ensaísta e biógrafo Plutarco.

Estrabão (64 a.C.- 25 d.C.) escreveu: "Eles dizem que a sede do oráculo é uma profunda gruta oculta na terra, com uma estreita abertura por onde sobe um pneuma (gás, vapor, respiração, daí as nossas palavras - pneumático - e - pneumonia) que produz a possessão divina. Um trípode é colocado em cima desta fenda e, sentada nele, a pitonisa inala o vapor e profetiza.

Plutarco (46-120 d.C.) deixou um extenso testemunho sobre o funcionamento do oráculo. Descreveu as relações entre o deus, a mulher e o gás, comparando Apolo a um músico, a mulher a seu instrumento e o pneuma ao plectro, com o qual ele a tocava para fazê-la falar. Plutarco enfatizou que o pneuma era apenas um elemento que desencadeava o processo". (SCIENTIFIC AMERICAN Brasil, 2003, ed. 16).

Na bíblia há inúmeras passagens que demonstram a preocupação com o futuro, porém essas visões aparecem como profecias.

Também são citadas outras formas de inteligência, como a busca de informações confiáveis sobre os inimigos.

Os exploradores de Canaã, onde O Senhor disse a Moisés: "Envia homens para explorar a terra de Canaã, que hei de dar aos filhos de Israel. Enviarás um homem de cada tribo patriarcal, tomados todos entre os príncipes".

Doze homens – um de cada uma das tribos de Israel foi enviado para levantar dados (espiar) a terra de Canaã. Assim lhes falou Moisés.

Necessidade de informações e esforço de coleta

"Ide pelo deserto de Neguev e subi a montanha. Examinai que terra é essa e o povo que nela habita, se é forte ou fraco, pequeno ou numeroso. Vede como é a terra onde habita, se é boa ou má, e como são as suas cidades, se muradas ou se sem muros; examinai igualmente se o terreno é fértil ou estéril, e se há árvores ou não. Coragem! E trazei-nos dos frutos da terra. " (Bíblia).

Primeiro Relatório de Inteligência

Fomos à terra aonde nos enviaste. É verdadeiramente uma terra onde jorra leite e mel, como se pode ver desses frutos que trouxemos. Mas seus habitantes são robustos e suas cidades são grandes e bem muradas.

Uso de espiã

Dalila, que seduziu Sansão, facilitando que fossem cortados seus cabelos, fonte de sua força, é tida como a primeira espiã da História.

Arca de Noé

Noé, a partir se sua arca. Remete uma pomba ao prazer dos ventos em busca de terras firmes.

Ainda na Antiguidade, antes de invadir a Pérsia, Alexandre, o Grande, costumava interrogar todos os viajantes que vinham de terras estrangeiras para saber detalhes a respeito de outros territórios. As informações que recebeu (por bem ou por mal...) foram úteis na invasão do Império Persa.

Em 1300 a.C e 1200 a.C, a Guerra de Tróia foi uma prova de inteligência e de estratégia dos gregos que foram atacados e invadidos pelos troianos. Os gregos fingindo ter perdido a batalha, embarcaram em seus navios deixando para trás um enorme cavalo de madeira, que por vez foi colhido pelos troianos e trazido para o interior de sua cidade. À noite, quando todos estavam dormindo, a estrutura do cavalo de madeira se rompeu e os gregos atacaram os Troianos, matando e recuperando a cidade perdida.

"Até a Idade Média, as principais fontes de previsões eram as profecias e especulações. Segundo Rattner (1979), a especulação é um discurso sobre o futuro, no qual seu autor admite a incerteza e/ou falta de apoio lógico-racional, substituído por opiniões vagas e imaginação fértil". (Livro: **Cenários Prospectivos: Como Construir um Futuro Melhor**. MARCIAL, 2003 P.24).

Na Idade Média, o mais famoso tratado militar daquela época, De Re Militari, escrito por Flavius Vegetius Renatus, e que teve muito valor até Napoleão, preconizava uma preocupação com a contraespionagem:

Ouça muito sobre as medidas a serem tomadas, diga somente a alguns o que pretende fazer, àqueles de fidelidade indiscutível, ou confie somente em você (...) Se espiões penetram em seu acampamento, ordene a todos os soldados, durante o dia, que se recolham às suas barracas e eles serão aprisionados. (RENATUS, 390 A.C.)

Em Portugal, um dos mais famosos espiões da corte portuguesa, o escudeiro Pêro de Covilhã – "o espião intrépido". Nascido em uma vila da Beira, ele tinha uma característica singular: a facilidade em assimilar idiomas estrangeiros, especialmente o árabe.

Em 1487, por ordem do Rei D. João II, Covilhã realizou uma longa expedição passando pelo Oriente Médio, pela Ásia e Norte da África, finalizando no Egito em 1491. De lá, por intermédio de um emissário da corte, ele enviou um extenso e detalhado relato ao Rei. Esse documento era um levantamento pormenorizado e iria servir, decisivamente, sobre a rota a ser adotada pelo navegador Vasco da Gama que descobriu o caminho marítimo para as Índias (1497-1499). Assim, Vasco da Gama não perdeu tempo em passar por pontos inúteis nas costas da África e da Ásia.

Naquela época, alguns temas ligados às grandes navegações eram revestidos de absoluto sigilo na corte portuguesa. Eram considerados estratégicos e patrimônio secreto do Estado: os roteiros de viagem, os mapas e cartas de navegação, os livros de bordo, as relações de escrivães e até as plantas de construção de caravelas.

Foi no Renascimento, na Idade Moderna, que, com o advento dos exércitos e dos estados modernos, que as informações passaram a ser desenvolvidas de modo generalizado.

Estabeleceu-se o hábito da troca de embaixadores entre os principais estados da Europa, prática essa de interesse das maiores potências, visando obter informações sobre seus prováveis inimigos.

Durante o reinado de Elizabeth I (1558 – 1603), da Inglaterra, surgiu o primeiro serviço de informações organizado. Um século mais tarde, Daniel Defoe, autor do famoso livro Robinson Crusoé, deu nova organização ao serviço de informações, sendo considerado o fundador do moderno serviço secreto inglês.

A profissionalização de agentes aconteceu efetivamente a partir do século XV, quando vários reinos europeus formaram organizações para obterem informações no exterior, infiltrar-se em grupos dissidentes e protegerem segredos nacionais.

Já no século XX, durante a Segunda Grande Guerra, as Forças Armadas dos países envolvidos criaram complicados códigos para transmitirem suas mensagens, a fim de que os inimigos não descobrissem seus segredos.

Na batalha de Midway (junho de 1942), por exemplo, que foi considerada uma das maiores batalhas navais da história da Humanidade, os militares dos Estados Unidos, apesar de estarem em minoria numérica, conseguiram derrotar o inimigo japonês. Os norte-americanos monitoraram o tráfego de mensagens em código enviadas pelo governo japonês e as decifraram. Assim, puderam descobrir o que o inimigo poderia fazer e onde ele estava.

Nos Estados Unidos, a primeira agência de inteligência foi a OSS (sigla em inglês para Escritório de Serviços Estratégicos - Office Strategic Services), criada durante a Segunda Guerra Mundial.

Em 1947, após o fim da guerra, a OSS foi rebatizada como CIA (Agência Central de Inteligência - Central Inteligence Agency), que dividiu com a soviética KGB (Comitê de Segurança do Estado - Komitet Gosudarstvennoi Bezopasnosti) a responsabilidade pelos principais casos de espionagem durante a Guerra Fria.

Então, daí por diante surgiram frequentes práticas de inteligência no mundo corporativo, advindas do ramo militar, os empresários viram que tinham que desenvolver estratégias e setores de inteligência, pois sua sobrevivência no mercado começou a ficar ameaçada pela concorrência.

Assim, a atividade de inteligência vem sendo paulatinamente estendida de sua origem de aplicação tradicional, primordialmente na relação entre as nações (pelas suas respectivas instituições diplomáticas e/ou militares), expandida para outros campos da atividade humana. É esse o caso, por exemplo, na área da iniciativa privada, no que se convencionou chamar modernamente de Inteligência empresarial ou Inteligência corporativa ou ainda Inteligência competitiva.

CENÁRIOS EM SEGURANÇA: VISÃO PROSPECTIVA

INTRODUÇÃO

O futuro é imprevisível. Ninguém sabe com total certeza ou clareza o que vai acontecer no futuro, porém é necessário nos prepararmos para ele e está preparação fica mais fácil quando temos uma ideia das alternativas possíveis. "Talvez não sejamos capazes de evitar catástrofes (embora às vezes isso até seja possível), mas certamente podemos aumentar nossa capacidade de responder e nossa aptidão para detectar oportunidades que, de outro modo, seriam desperdiçadas". (SCHWARTZ, 2003; 16).

Segundo Schwartz, nossas reações naturais em relação a acontecimentos inevitáveis são manifestas através de duas reações naturais, a negação, que é a recusa em acreditar que existam coisas inevitáveis e a defesa, que é a paralisação, pois não há um modo possível de reação. Ambas podem levar a decisões ineficazes. Porém a decisão mais arriscada é justamente não fazer nada.

"Num mundo onde ocorrem crises a intervalos regulares, as quais mudam profundamente as premissas básicas sobre o funcionamento das coisas, a estratégia mais eficiente é a flexibilidade consciente, isto é, manter o equilíbrio entre reações de curto prazo e visão de longo prazo, e providenciar a preparação necessária, de modo a poder mudar rapidamente de direção se houver necessidade" (SCHWARTZ, 2003: 23).

ORIGEM

A curiosidade faz parte da natureza do ser humano. Desde o início da humanidade houve interesse em se conhecer o futuro.

Quando os faraós governavam o Egito "seus sacerdotes anunciavam o resultado da colheita antes mesmo do plantio. Faziam isso observando a coloração e o volume das águas do rio Nilo, no início da primavera. Em The art of the long vew, Schwartz relata:" toda primavera, os sacerdotes do templo se reuniam às margens do rio para verificar a cor da água. Se estivesse clara, a inundação seria branda e tardia, e os fazendeiros teriam colheitas pequenas. Se a corrente tivesse escura, a cheia seria suficiente para encharcar os campos e proporcionar uma colheita abundante. Finalmente se houvesse predominância das águas verde-escuras, as cheias viriam cedo e seriam catastróficas. As plantações ficariam submersas e o faraó teria que usar seus armazéns para reserva de estoques de grãos." Para Schwartz, esses sacerdotes foram os primeiros futurólogos do mundo a entenderem o significado de elementos predeterminados e de

incertezas críticas." (MARCIAL, 2002: 23).
Na história da Grécia antiga, o templo de Apolo, incrustado na fascinante paisagem montanhosa de Delfos, abrigava o poderoso oráculo e era o mais importante local religioso do antigo mundo grego. Os generais buscavam conselhos do oráculo a respeito de estratégias de guerra. Os colonizadores procuravam orientação antes de suas expedições para a Itália, Espanha e África. Os cidadãos consultavam-no sobre investimentos e problemas de saúde. As recomendações do oráculo emergem de forma notável nos mitos. Quando Orestes perguntou-lhe se deveria vingar a morte de seu pai, assassinado por sua mãe, o oráculo encorajou-o. Édipo, avisado pelo oráculo de que mataria o pai e se casaria com a mãe, esforçou-se para evitar este destino, mas fracassou de forma célebre. O oráculo de Delfos funcionava em uma área específica, o adito ou - área proibida -, no núcleo do templo, e por meio de uma pessoa específica, a pitonisa, escolhida para falar, como uma médium possuída, em nome de Apolo, o deus da profecia. A pitonisa era mulher, algo surpreendente

se levarmos em conta a misoginia grega. E, contrastando com a maioria dos sacerdotes e sacerdotisas gregas, a pitonisa não herdava sua posição pela nobreza de seus vínculos familiares. Embora devesse ser natural de Delfos, poderia ser velha ou jovem, rica ou pobre, bem-educada ou analfabeta. Ela passava por um longo e intenso período de treinamento, assistida por uma congregação de mulheres de Delfos, que zelavam pelo eterno fogo sagrado do templo. "A tradição atribuía a inspiração profética do poderoso oráculo a fenômenos geológicos: uma fenda na terra, um vapor que subia dela e uma fonte de água. Há mais ou menos um século, os estudiosos rejeitaram esta explicação quando os arqueólogos, escavando o local, não encontraram qualquer sinal de fenda ou gases. Mas o antigo testemunho está bastante difundido e provém de várias fontes: historiadores como Plínio e Diodoro, filósofos como Platão, os poetas Ésquilo e Cícero, o geógrafo Estrabão, o escritor e viajante Pausânias e até mesmo um sacerdote de Apolo que serviu em Delfos, o famoso ensaísta e biógrafo Plutarco. Estrabão

(64 a.C.- 25 d.C.) escreveu: "Eles dizem que a sede do oráculo é uma profunda gruta oculta na terra, com uma estreita abertura por onde sobe um pneuma (gás, vapor, respiração, daí as nossas palavras - pneumático - e - pneumonia -) que produz a possessão divina. Um trípode é colocado em cima desta fenda e, sentada nele, a pitonisa inala o vapor e profetiza".

Plutarco (46-120 d.C.) deixou um extenso testemunho sobre o funcionamento do oráculo. Descreveu as relações entre o deus, a mulher e o gás, comparando Apolo a um músico, a mulher a seu instrumento e o pneuma ao plectro, com o qual ele a tocava para fazê-la falar. Plutarco enfatizou que o pneuma era apenas um elemento que desencadeava o processo". (SCIENTIFIC AMERICAN Brasil, 2003, ed. 16).

Na bíblia há inúmeras passagens que demonstram a preocupação com o futuro, porém essas visões aparecem como profecias.

Na Idade Média, havia os bruxos, alquimistas e magos que descreviam suas visões sobre o futuro.

"Até a Idade Média, as principais fontes de previsões eram as profecias e especulações. Segundo Rattner (1979), a especulação é um discurso sobre o futuro, no qual seu autor admite a incerteza e/ou falta de apoio lógico-racional, substituído por opiniões vagas e imaginação fértil". (MARCIAL, 2002: 24).

Em 1902, o escritor inglês George Well, em "O descobrimento do futuro" relata a associação de fatos já conhecidos com o futuro. Ele propunha que os estudos históricos, econômicos e sociais fossem realizados visando sempre ao futuro. Essa obra ainda não era um estudo prospectivo, mas já demonstra preocupação em lidar com os chamados fatos portadores de futuro.

O filósofo e pedagogo francês Gaston Berger foi o primeiro a usar a palavra prospectiva, em sua obra **"A Atitude Prospectiva"**, de 1957, estabelecendo como prever futuro desejável para o mundo.

A palavra prospectiva tem origem latina no século XVI. O verbo prospicere significa olhar para longe ou de longe, discernir alguma coisa que está a nossa frente (Godet, 1993). Berger relançou a palavra prospectiva porque a palavra previsão estava impregnada do sentido de profecia. Pretendia separar os conceitos de previsão (que significa construir um futuro à imagem do passado) e de prospectiva (em que o futuro é decididamente diferente do passado). Autores como Fahey (1998) e Heijden (1996) atribuem a introdução das noções de cenários e seu desenvolvimento a Herman Kahn, que atuou durante os anos 50 na Rand Corporation - maior centro de estudos prospectivos americano. Seus primeiros cenários foram desenvolvidos como parte dos estudos de estratégia militar conduzidos pela Rand para o governo. Em 1967, com a publicação de seu livro "The Year 2000", a palavra cenários foi introduzida na prospectiva. "Na França, a metodologia de cenários foi aplicada pela primeira vez por ocasião de estudo de prospectiva geográfica realizado por conta da Datar em 1970. A partir daí esse método foi adotado em setores como indústria, agricultura, demografia, emprego, etc. e aplicado a diferentes níveis geográficos - países, regiões, mundo (Godet, 1993). Os cenários atingiram uma nova dimensão no início dos anos 70 com o trabalho do francês Pierre Wack. Trabalhando na área de planejamento da empresa internacional de petróleo Royal Dutch/Shell desde 1968, desenvolveu sua metodologia com os conceitos obtidos junto à École Française de Prospectiva. Wack (1985) relata que a partir do início dos anos 70 os erros das previsões tornaram-se mais frequentes em função da instabilidade mundial, principalmente no que dizia respeito ao mercado de petróleo. Todo o planejamento tradicional baseado em previsões clássicas perdia rapidamente sua razão de ser. Havia a necessidade do desenvolvimento de nova ferramenta que auxiliasse no planejamento de longo prazo. Wack (1985) não tinha como objetivo prever o futuro. Sua meta era a liberação dos insights das pessoas. A finalidade dos cenários exploratórios era "ampliar a compreensão sobre o sistema, identificar os elementos predeterminados e descobrir as conexões entre as várias forças e eventos que conduziam esse sistema" (Wack, 1985), o que levaria, consequentemente, à melhor tomada de decisão. Os resultados obtidos pela Royal Dutch/Shell por meio do novo enfoque de ver o futuro tornaram a empresa mundialmente reconhecida pelo pioneirismo na utilização de cenários, o que resultou na valorização e o reconhecimento da técnica.

Em 1985, Porter, influenciado por Peter Schwartz, discípulo de Pierre Wack, analisa os cenários sob a perspectiva econômica, adaptando a metodologia utilizada pela Royal Dutch/Shell para realidade mais negocial. Em 1987, Michel Godet divulga "Cenários e a Administração Estratégica", primeira publicação realmente científica a respeito do assunto. As palavras do professor Igor Ansoff, contidas no livro de Godet (1987), descrevem a publicação como marco na história dos métodos de desenvolvimento de cenários prospectivos para definição das estratégias empresariais. Em 1988 inicia-se a popularização dos cenários como instrumento de planejamento estratégico para as empresas anglo-saxônicas, com o surgimento da Global Business Network (GBN), empresa de prospectiva criada por Peter Schwartz e Pierre Wack (Godet, 1993).

No Brasil, a prática de elaboração de cenários é recente. As primeiras empresas a utilizarem tal prática foram Eletrobrás, em 1987, e Petrobrás, em 1989, no final da década de 80, em função de operarem com projetos de longo período de maturação, o que exigia visão de longo prazo. Também no final dessa década, o trabalho elaborado pelo BNDES, em 1989, de conteúdo mais econômico, teve grande impacto e abriu grande discussão política sobre os cenários do Brasil (Buarque, 1998). Durante o final da década de 80 e início da década de 90, surgiram tentativas de estudos prospectivos no Brasil. Buarque (1998) relata as iniciativas do CNPq em 1989, da FINEP em 1992, e da Seplan/PR com o Projeto Aridas, em 1994, que possuíam diferentes enfoques e cortes setoriais, temáticos ou espaciais. Nova utilização da técnica prospectiva no Brasil foi coordenada pela Secretaria de Assuntos Estratégicos - SAE, que inicia, em 1996, o desenvolvimento dos estudos que geraram, em 1997, os Cenários Exploratórios do Brasil 2020 e os Cenários desejados para o Brasil em 1998, iniciativa que originou a retomada da discussão do tema no País. Segundo Buarque (1998), outra grande iniciativa foi a do Instituto de Pesquisa Econômica Aplicada - Ipea, em 1997, com o estudo "O Brasil na Virada do Século - Trajetória do Crescimento e Desafios do Desenvolvimento". Entretanto, o estudo concentra-se na formulação de único cenário para o País. Com o aumento da incerteza ocorrida durante a década de 90, houve aumento significativo no número de organizações, em todo o mundo, que passaram a utilizar o método de cenários para definição de suas estratégias. No entanto, não surgiu nenhuma abordagem inovadora, apenas aperfeiçoamentos dos métodos já existentes. As publicações sobre o tema editadas durante a década de 90 apenas relataram métodos já desenvolvidos ou forneceram algum aperfeiçoamento sem, no entanto, apresentaram proposta metodológica revolucionária diferente dos princípios básicos lançados por Gaston Berger e Herman Kahn." (MARCIAL, 1999; Dissertação)

CENÁRIOS

O termo cenário tem vários significados, sua origem foi no teatro, e posteriormente como scripts no cinema, mas nossa abordagem é em relação a outros tipos de conceitos da palavra cenários, os da visão prospectiva. As definições, apresentadas pelos principais autores, obedecem a um fundamento básico da prospectiva – os futuros são múltiplos e incertos. Desses autores destacamos os seguintes conceitos:

"o conjunto formado pela descrição, de forma coerente, de uma situação futura e do encaminhamento dos acontecimentos que permitem passar da situação de origem à situação futura." Godet (1997), apud (MARCIAL, 2002:43) ele complementa sua definição afirmando que um cenário não é a realidade futura, mas um meio de representá-la, com o objetivo de nortear a ação presente à luz dos futuros possíveis e desejáveis.

Para Schwartz (1996), cenários são uma ferramenta para ordenar a percepção sobre ambientes alternativos futuros, nos quais as decisões pessoais podem ser cumpridas. Ou um conjunto de métodos organizados para sonharmos sobre o futuro de maneira eficiente. De forma resumida, o autor define cenários como "histórias de futuro", que podem nos ajudar a reconhecer e nos adaptarmos aos aspectos de mudança do ambiente presente.

"Porter (1992), apud (MARCIAL 2002:44) define cenários no contexto da indústria como: "...uma visão internamente consistente da estrutura futura de uma indústria. Baseia-se em um conjunto de suposições plausíveis sobre as incertezas importantes que poderiam influenciar a estrutura industrial, considerando as implicações para a criação e a sustentação da vantagem competitiva. O conjunto completo de cenários, e não o mais provável, é então utilizado para projetar uma estratégia competitiva."

"Segundo a visão de Rattner (1979), apud (MARCIAL, 2002:44) "... a construção de cenários visa a um procedimento sistemático para detectar as tendências prováveis da evolução, numa sequência de intervalos temporais, e procura identificar os limites da tensão social nos quais as forças sociais poderiam alterar essas tendências. Essas atitudes envolvem juízos sobre que estrutura e parâmetros são importantes e que objetivos e metas inspiram e motivam essas forças sociais."

Para Schoemaker e Heijden (1992), apud (MARCIAL, 2002:45) os cenários são ferramentas que têm por objetivo melhorar o processo decisório, com base no estudo de possíveis ambientes futuros. Não devem ser tratados como previsões capazes de influenciar o futuro, nem como histórias de ficção cientifica montadas somente para estimular a imaginação. Os cenários têm como foco assuntos e informações de grande importância para os tomadores de decisão, assim como os elementos previsíveis e imprevisíveis do ambiente que afetam o sistema em que a empresa está inserida.

Os cenários são imagens alternativas de futuro que facilitam a tomada de decisões. Eles são ferramentas poderosas desenhadas para melhorar o processo de planejamento estratégico de uma organização, ao explorar um conjunto de situações "e se isso acontecer...". Chamado de "pensar cenariamente", este processo incentiva o desenvolvimento de histórias divergentes sobre o futuro, deixando a organização preparada para as eventualidades que possa enfrentar, "ensaiando para o futuro". Configuram futuros possíveis ou prováveis mediante a simulação e desdobramentos de certas condições iniciais diferenciadas e a explicitação dos eventos que levariam à sua concretização. Cenários são ambientes alternativos nos quais os acontecimentos de hoje surtem efeito. Eles não são predições, nem tampouco estratégias. Ao contrário, são narrativas vivas de futuros diferentes e divergentes, desenhados especialmente para ressaltar os riscos e oportunidades inerentes às estratégias, enriquecendo o processo de planejamento. Um leque de cenários alternativos proporciona um caminho para se focar no futuro, porém sem perder a perspectiva das outras possibilidades. O horizonte temporal dos cenários prospectivos, que é o período coberto pelo estudo de cenarização, tem, em média, a um horizonte de dez anos, não é recomendado horizontes inferiores a cinco anos, pois o objetivo principal da elaboração de cenários é a de auxiliar na definição de estratégias da empresa, o que exige uma visão de longo prazo.

CENÁRIOS PROJETIVOS x CENÁRIOS PROSPECTIVOS:

A principal diferença entre cenários prospectivos e cenários projetivos é que o primeiro diz respeito a um processo continuado de pensar o futuro e de identificar elementos para melhorar a tomada de decisão, levando-se em consideração suas inter-relações com o ambiente e suas variáveis incontroláveis. Ele estuda as diversas possibilidades de cenários, preparando a empresa para enfrentá-los. Nesta visão, não há determinismos, o homem pode influenciar na construção do futuro, há uma visão holística dos cenários futuros, pois são criados múltiplos cenários com a finalidade de aperfeiçoar as tomadas de decisões a respeito de um futuro possível, mas que ainda não existe. Já os cenários projetivos, que eram usados anteriormente para a elaboração das estratégias das empresas, analisavam apenas o passado e a tendência de futuro baseados apenas no histórico, projetando apenas um cenário futuro, o qual não contemplava as variáveis incontroláveis. Também não criavam possibilidades para que o cenário futuro fosse modificado ou para que seus efeitos fossem minimizados. Utilizavam a extrapolação, que é o prolongamento da tendência, ou seja, mantinha a mesma tendência, criando um futuro único e certo.

MÉTODOS DE ELABORAÇÃO DE CENÁRIOS PROSPECTIVOS

No estudo realizado por Marcial e Lopes foram identificados quatro métodos que se enquadram na definição na filosofia da prospectiva os quais serão comparados a seguir. São eles o método descrito por Godet, o método descrito por Schwartz – também conhecido como método GBN -, o método descrito por Porter e o descrito por Grumbach. Esses métodos possuem várias características comuns como iniciarem com a delimitação do problema que será cenarizado. Godet e Grumbach fazem essa delimitação ao definirem o sistema, já a GBN e Porter, na questão estratégica. Embora utilizem nomenclaturas e procedimentos diferentes, o objetivo é o desenvolvimento de cenários múltiplos.

Os quatro métodos também realizam estudos históricos e descrição da situação atual. Isso porque, para elaboração de cenários, faz-se necessário o conhecimento das diversas variáveis e seus respectivos comportamentos, como também dos atores que as influenciam, questões que também são comuns aos quatro métodos. Outra característica pertencente a todos os métodos é a consulta a especialistas ou peritos. Essa fase é muito importante pelo fato de trazer para dentro da empresa a percepção de outras pessoas que não estão envolvidas com as questões da empresa. A grande diferença entre os métodos situa-se na fase da análise, pois cada um possui sua respectiva técnica para gerar os diversos cenários. Observa-se, entretanto, semelhança na metodologia proposta por Porter e pela GBN. A diferença está associada mais ao foco: Porter dirige sua análise para a indústria e acrescenta ao método o comportamento da concorrência ao final do processo, ao passo que a GBN gera cenários globais.

"Os métodos propostos por Godet e Grumbach utilizam-se tanto de variáveis qualitativas quanto quantitativas, enquanto Porter e a GBN se caracterizam por utilizarem variáveis qualitativas. O método que possui o detalhamento mais claro do ferramental em todas as etapas é o descrito por Godet, constituindo-se no mais robusto, com passos a serem seguidos definidos o que se torna o mais trabalhoso. Em segundo vem o descrito por Grumbach. Apesar de esses métodos serem os mais sistematizados, são pouco flexíveis. Os métodos de Porter e da GBN são menos detalhados; contudo, são bastante flexíveis. O método da GBN é subjetivo. Godet e Grumbach usam os fatos portadores de futuro para gerar os cenários; GBN e Porter, a análise "incerteza x importância" - maneira mais fácil de gerarem cenários.

Os passos sugeridos por Grumbach são mais fáceis de serem executados que os sugeridos por Godet. Na realidade, observa-se uma pequena lacuna no método de Godet (entre as etapas de seleção das condicionantes do futuro e a geração de cenários alternativos) que talvez necessitasse ser preenchida para a sua melhor utilização.

Porter é o único que considera o comportamento da concorrência e foca a questão da indústria; Grumbach, o único que utiliza o método Delphi, e Godet, o único que não leva em consideração os modelos mentais dos dirigentes durante a elaboração dos trabalhos. GBN é o único que não trabalha com probabilidade em momento algum. Sua justificativa para não atribuir probabilidades aos cenários é evitar a tentação de considerar apenas o cenário de maior probabilidade. Schwartz (1996, p. 247) argumenta também que não faz sentido comparar a probabilidade de um evento em um cenário com a probabilidade de outro evento em outro cenário, porque os dois eventos deverão ocorrer em ambientes radicalmente diferentes, e a atribuição de probabilidades depende de pressupostos muito diferentes sobre o futuro.

Todos os quatro métodos preocupam-se com a consistência dos cenários gerados. Nenhum deles, entretanto, tem rapidez na atualização e comparação dos dados e apresentam dificuldade no manuseio de um grande número de variáveis e suas tendências.

Finalmente, destaque-se a semelhança do resultado final dos métodos, já que todos geram uma série de futuros consistentes e plausíveis, os quais são utilizados na elaboração de estratégias.

As técnicas listadas de obtenção de informação e monitoramento do ambiente pertencem ao trabalho de Inteligência Competitiva e são lícitas e éticas, logo não se trata de espionagem. Assemelha-se mais à investigação jornalística.

O que fica evidente na análise destes métodos empregados para a criação de cenários prospectivos são as semelhanças entre os quatro métodos, sendo elas: atitudes prospectivas; múltiplos cenários e ênfase nos atores. Dentre os quatro métodos apresentados, destacaria o Método Grumbach por ter sido desenvolvido por um brasileiro que estudou o desenvolvimento de Cenários Prospectivos por cerca de dois anos na Espanha e, posteriormente, conseguiu aliar algumas idéias de autores consagrados como Porter e Godet, às suas próprias conclusões obtidas de consultorias a várias empresas públicas e privadas no Brasil.

Raul Grumbach, aplicando sua metodologia, desenvolveu uma ferramenta de TI, denominada PUMA, a qual auxilia a modelar cenários.

O software Puma – Sistema de Cenários Prospectivos é utilizado em apoio à metodologia empregada pela empresa na elaboração de Planejamento Estratégico empresarial ou de órgãos públicos, com base em modelagem de Cenários Prospectivos.

Esta ferramenta busca a "identificação de diversos futuros possíveis (Cenários Prospectivos), dentro de um horizonte temporal específico, com o propósito de definir estratégias capazes de alterar, em favor da organização, as probabilidades de ocorrência dos acontecimentos abrangidos por sua esfera de competência; e/ou prepará-la para enfrentar (ou aproveitar) os acontecimentos fora de sua competência" (www.brainstorming.com.br).

http://www.unijui.tche.br/dead/epo/documentos/acessado em 20/07/04(O uso de cenários prospectivos na de cenários prospectivos na estratégia empresarial: vidência especulativa ou inteligência competitiva) Marcal-Lopes-ENANPAD01-ESO-152.doc

APLICAÇÃO

A elaboração de cenários prospectivos pode ser usada para qualquer tipo de negócio ou para tomadas de decisões pessoais, segundo Schwartz, "você pode usar cenários para planejar um negócio pequeno, para escolher sua educação, para procurar emprego, para avaliar um investimento ou até mesmo para examinar seu casamento". (SCHWARTZ, 2003: 16).

Basicamente, a elaboração de cenários prospectivos é particularmente útil no ambiente de turbulência e incerteza em que vivem as empresas, principalmente na elaboração do planejamento estratégico da empresa, pois os métodos convencionais são alicerçados, principalmente na análise de tendências, ou seja, em cenários projetivos, os quais apresentam limitações no seu emprego. A elaboração de cenários prospectivos pode ser considerada uma ferramenta da inteligência competitiva, onde os estudos destes cenários possibilitam, ao tomador de decisões, uma visão acerca do futuro.

Por outro lado, "cenários prospectivos também se utilizam das várias ferramentas descritas no estudo de Inteligência Competitiva, como por exemplo as redes de informações, a análise automática da informação e outras técnicas de monitoração do ambiente que melhorem a qualidade de seus resultados" (MARCIAL, 1999: 23).

CENÁRIOS PROSPECTIVOS NA SEGURANÇA EMPRESARIAL

Para segurança empresarial, "O objetivo de elaborar cenários, específicos para a área de riscos corporativos, é o de poder antecipar as variáveis que, por ventura, possam interferir nas metas da empresa". (BRASILIANO, 2003: 47). Especificamente para a área de segurança empresarial, Brasiliano adaptou o método Grumbach,.criando uma metodologia própria de modelagem de cenários, chamado método Brasiliano de construção de cenários prospectivos, sendo este método o mais especifico para área da segurança empresarial, descreveremos de maneira mais profunda sua metodologia de elaboração.

"A atividade de planejamento de riscos, envolve, sempre, uma visão prospectiva, uma visão de futuro, mesmo porque os objetivos a serem alcançados se referem a fatos futuros. Todo planejamento de riscos corporativos é, por consequência prospectivo. (....) O gerenciador de riscos corporativos deve aliar ao domínio das técnicas de prospectiva, sua imaginação e lógica, pois o planejamento de gestão de riscos corporativo é um processo decisório. Cabe ressaltar que o horizonte temporal na modelagem de cenários na área de riscos deve ser de no máximo um ano, tendo em vista a dinamicidade de nossas variáveis." (BRASILIANO, 2003: 51). Brasiliano ao usar o método Grumbach para elaboração de cenários prospectivos, especifico para a gestão de riscos corporativos, é consciente de que está estreitando o horizonte temporal e de amplitude, pois a metodologia original foi criada para ser aplicada na elaboração do planejamento estratégico, possuindo um espectro de maior amplitude.

O método Brasiliano prevê o emprego de uma equipe multidisciplinar da empresa com foco estratégico e tático, podendo contar com o auxílio de especialistas externos.

O método Brasiliano pode ser dividido em 3 fases, sendo:

1- Definição e Classificação dos Eventos, com seus fatos portadores de futuro;

2- Elaboração da Matriz de Impactos Cruzados;

3- Elaboração da Grade de Modelagem de Cenários.

CONCLUSÃO

Como pudemos observar, os métodos para elaboração de cenários prospectivos não são nenhum tipo de adivinhação do futuro. São métodos que podem auxiliar na preparação para o futuro que, apesar de incerto, dá uma visão dos possíveis cenários que a empresa terá que enfrentar, possibilitando um melhor posicionamento e criando estratégias a fim de alcançar o cenário ideal para a empresa, além de fornecer subsídios para os tomadores de decisões. Porém, o que ainda paira no ar é muita desinformação sobre o que a metodologia para elaboração de cenários prospectivos pode fazer para auxiliar as empresas no seu planejamento. Principalmente nas empresas do setor de segurança privada, que ainda trabalha, em sua maioria, sem qualquer metodologia de planejamento, baseadas apenas no empirismo e experiências militares, sem nenhuma técnica. Justamente no âmbito da segurança empresarial, onde as mudanças são constantes, e nos obriga a diminuir o horizonte temporal para a modelagem de cenários da área de risco, exigindo constante monitoramento das variáveis. Na segurança empresarial, a elaboração de cenários prospectivos deve ser parte do planejamento estratégico e da análise de risco a fim de poder antecipar as variáveis que possam impedir que a empresa alcance suas metas. É claro que assim como a construção de cenários pode ser usada por diversas áreas, deverá ser usada também na segurança pública para lhe dar a condição de poder monitorar as probabilidades de ocorrências, sejam elas boas ou não, dos inúmeros fatores portadores de futuro e seus reflexos na sociedade. Com isso, teriam condições de antecipar as situações desfavoráveis e traçar estratégias preventivas, evitando o caos em que a segurança pública se encontra hoje. A escolha da metodologia para elaboração de cenários não é o mais importante, apesar de a área de gerenciamento de risco ser peculiar, mas o que realmente importa é a conscientização do empresariado deste segmento de que a criação de cenários pode auxiliá-los em suas aspirações enquanto empresa, mostrando caminhos pelos quais ele poderá trilhar ou criar mecanismos para alterar estes caminhos. O que não dá para aceitar é ver a maioria destes empresários e profissionais da área, assistindo as mudanças que estão ocorrendo nas demais empresas do Brasil e do mundo, acreditando que para a segurança empresarial o processo usado na implantação da segurança realizada em uma empresa a vinte anos atrás é o mesmo aplicado hoje, com a mesma metodologia (empirismo e militarismo), sem nenhuma técnica ou subsídio cientifico que justifique a sua implementação.

Os tempos são outros, os desafios são outros, a criminalidade tem um outro perfil e já existem métodos adaptados à segurança empresarial que dá ao setor uma imagem de profissionalismo, pois esta é a exigência do mercado.

CONCEITOS DE ATIVIDADE DE INTELIGÊNCIA

Inteligência pode ser conceituada de diversas maneiras de acordo com seus objetivos. Obviamente, estamos tratando de um tipo de inteligência ligadas a informação ou, melhor dizendo, a análise de informações.

A palavra inteligência vem do latim *inter* + *legere*, que significa ler por entre, ou seja, o que está por trás de, é a capacidade de discernir e pensar a respeito de, ler o que está nas entrelinhas.

No livro **A Atividade de Inteligência na Segurança para o Século XXI** (2011) Santos e Franco esclarecem que: "Ao longo dos tempos, as sociedades desenvolveram processos de inteligência que atendessem as suas necessidades e anseios, atribuindo-lhe o nome que melhor atendesse a conjuntura-espionagem, informações, assuntos estratégicos, serviço secreto, sistemas de informações gerenciais etc. Às vezes até de forma jocosa ou pejorativa, como "arapongagem", um epíteto brasileiro de conotações negativas, sinal de que, de alguma forma, ela atingiu resultados. Nem sempre os ideais são claros". (SANTOS e FRANCO, 2011, p. 57)

Segundo Bessa, no seu livro **A Contraespionagem Brasileira na Guerra Fria** (2009) existe um consenso entre especialistas na área da inteligência, segundo os quais, existem três tipos de significado para inteligência, sendo: Um tipo especial de informação, a qual se refere a um tipo especial de informação, que é avaliada e submetida a um processo especial para subsidiar decisões, neste caso, Bessa define:

Inteligência como Informação: "Produto resultante da coleta, avaliação, análise, integração e interpretação de todas as informações disponíveis, e que se relacionem com um ou mais aspectos de um determinado país ou áreas que representam interesses imediatos ou potenciais para os decisores". (Bessa,2009; p. 55).

Ainda com este foco, Bessa cita como exemplo de propósito específico, uma ordem Executiva do presidente dos Estados Unidos, de dezembro de 1981, dispondo que o Sistema Nacional de Inteligência deverá *"Prover o Presidente da informação necessária e sobre a qual basear decisões concernente à conclusão e ao desenvolvimento das políticas exteriores, econômicas e de defesa, assim como a proteção dos interesses nacionais dos Estados unidos contra ameaças externas à sua segurança".(Bessa, 2009; p.55).*

A outra forma de inteligência, ainda de acordo com Bessa é a **Atividade de Inteligência**, que deve ser entendida como a atividade que irá atuar em um ambiente onde o sigilo é a arma fundamental por parte daqueles que não desejam que seus conhecimentos, atividades ou ações sejam descobertos. Ainda segundo Bessa, convencionou-se dizer que o que distingue a inteligência é a busca pelo dado negado, o que exige o uso de métodos e equipamentos especiais.

E, finalmente, a **Inteligência como Organização,** que é, na verdade, uma contradição, onde *"um órgão do Estado baseado no segredo e cujo produto, embora reverta em favor da sociedade, não está acessível a ela. Exatamente para evitar o perigo que representa uma organização de inteligência sem o controle da sociedade é que são criadas as Comissões de controle de atividade de Inteligência exercidas pelo parlamento, o que garante o poder conferido pelas informações não seja utilizado contra a sociedade ou contra a democracia".*(Bessa, 2009 p.57).

Para Kent (1967, p.9 apud MARCIAL, 2010, p. 39), a inteligência encerra um tríplice significado: um tipo de conhecimento, um tipo de organização e uma atividade. Ou seja, a organização que produz inteligência leva seu nome, o que essa organização faz também é chamado inteligência e o produto dessa atividade também são denominados inteligência.

Num conceito mais próximo de informação, Fuld, no livro **Inteligência Competitiva – Como se Manter à frente dos Movimentos da Concorrência e do Mercado** (2007), vê a inteligência como arte e define: Inteligência é tomar decisões críticas com conhecimento imperfeito, mas razoável, e com grau de risco. Muitas pessoas têm insights, mas poucas agem a respeito destes em um tempo adequado ou com iniciativa para apostar alto como se estivessem em um jogo de pôquer. Inteligência significa ter um insight, mas também saber que o risco acompanha a decisão final.

Inteligência é a arte de aplicar conhecimento imperfeito. Não importa quanta informação você tem, a incerteza sempre existirá e, mesmo assim, você precisa tomar decisões. (Fuld, 2007 p. 16).

Já Platt, no seu livro **A produção de informações estratégicas** (1974) afirma que inteligência: É um termo específico e significativo, derivado da informação, informe, fato ou dado que foi selecionado, avaliado, interpretado e, finalmente, expresso de forma tal que evidencie sua importância para determinado problema de política nacional corrente (PLATT, 1974, p. 30).

Outro conceito que traz a inteligência como base para a tomada de decisão de Gomes e Braga no livro **Inteligência Competitiva – Como Transformar Informação em um Negócio Lucrativo** (2001, p. 25) é – "Inteligência é a informação que possibilita ao executivo tomar a decisão porque fornece um grau de previsão de coisas que possam vir a causar impacto à organização. Ela obriga o executivo a tomar algum tipo de atitude em resposta a inteligência recebida, por isso é ativa".

A definição utilizada pela Secretaria Nacional de Segurança Pública (SNSP):

Inteligência: é a atividade que objetiva a obtenção, análise e disseminação de conhecimentos, dentro e fora do território nacional, sobre fatos e situações de imediata ou potencial influência sobre o processo decisório e a ação governamental e sobre a salvaguarda e a segurança da sociedade e do Estado. (RESOLUÇÃO DA SECRETARIA NACIONAL DE SEGURANÇA PÚBLICA, 2009).

A legislação brasileira estabelece, segundo o art. 1°, § 2°, do Decreto 4.376/2002, que regulamentou a Lei 9.883/1999, que inteligência é a atividade de obtenção e análise de dados e informações e de produção e difusão de conhecimentos, dentro e fora do território nacional, relativos a fatos e situações de imediata ou potencial influência sobre o processo decisório, a ação governamental, a salvaguarda e a segurança da sociedade e do Estado.

Assim, para demonstrar a problemática conceitual em relação à inteligência, observamos que os objetivos das atividades de Inteligência podem variar de acordo com seus objetivos, mas sua essência é a mesma.

A INTELIGÊNCIA EMPRESARIAL NO SISTEMA INTEGRADO DE SEGURANÇA

A evolução da segurança corporativa no Brasil já é um fato.

Não é mais possível se imaginar uma empresa competitiva atuando como era há algumas décadas, utilizando seus recursos (de todos s níveis) de maneira desintegrada.

A segurança corporativa alinha-se ao mercado, transformando custos em investimentos, como ocorre em todos os departamentos empresariais.

A integração do sistema de segurança é uma exigência para que as metas sejam atingidas e haja uma aplicação inteligente dos recursos da empresa.

A nova integração do sistema de segurança passa por subsistemas que há alguns anos era totalmente dissociados, acarretando perdas financeiras e resultados duvidosos, sempre com uma visão de custo para o empresário.

Para entender um pouco mais, vamos lançar alguns conceitos básicos, ainda que de maneira simplificada, mas necessários para que haja este entendimento.

Chamamos de segurança corporativa ou segurança empresarial a atividade ou função aplicada no âmbito de uma determinada empresa ou organização.

O que vem a ser um sistema? Pode ser conceituado como um conjunto de meios e processos empregados para alcançar determinado fim, que, em nosso caso, é a segurança de um determinado organismo (uma empresa, por exemplo).

Os subsistemas também possuem as mesmas características de um sistema, porém são subordinados a outro ou que dependem de outro.

Por isso dizemos que um sistema de segurança deve estar integrado, ou seja, os diversos subsistemas devem ser parte de um conjunto, que no caso é a segurança corporativa.

Os subsistemas que devem estar integrados (fazendo parte deste conjunto) a segurança são: meios organizacionais, os meios técnicos (ativos e passivos), os recursos humanos e a inteligência empresarial.

Os meios organizacionais são as políticas, as normas, procedimentos, planos de segurança, de emergência ou de contingência, enfim, é a parte documental que orienta as ações da segurança em todos s níveis, desde o nível estratégico, como por exemplo, a política de segurança, até o nível operacional que orienta as ações através dos procedimentos de cada posto de trabalho.

Os meios técnicos ativos são representados pelas tecnologias utilizadas na segurança, como por exemplo, o CFTV, os sensores, o controle de acesso, o monitoramento, etc. São os recursos tecnológicos utilizados pela segurança.

Os meios técnicos passivos são representados pelas proteções perimetrais, muros, cercas, pelo layout, pela blindagem, etc.

Os recursos humanos são as pessoas que atuam na segurança, sejam elas gestores, coordenadores, supervisores ou vigilantes, todos têm papel essencial dentro deste sistema. Neste caso, a qualificação, os treinamentos, o posicionamento, etc. são as formas de avaliação deste subsistema.

A Inteligência empresarial é a responsável pela coleta, análise e disseminação de Inteligência para os tomadores de decisão. Uma célula de Inteligência pode atuar em todos os níveis da organização, desde a estratégica até a operacional. Como exemplo podemos citar a prospecção de cenários que envolvem o negócio, em nível estratégico, também é utilizada para a elaboração do planejamento estratégico de segurança, de acordo com o tipo de empresa. No nível tático ou operacional com o acompanhamento da sazonalidade da criminalidade que afeta aquele tipo de produto ou empresa, podendo auxiliar na execução de operações de alcance limitado no tempo e no espaço.

De qualquer forma, a ação de Inteligência é sempre antecipatória, ou seja, ela antecipar cenários favoráveis ou desfavoráveis para que a empresa tenha como se preparar para elas.

Outro ramo da Inteligência é a contrainteligência que não quer dizer segurança, mas atua na neutralização e obstrução da Inteligência adversa, que pode ser exemplificada pelas ações concorrentes e as demais ameaças ligadas ao conhecimento.

A contrainteligência pode empregar contramedidas como, por exemplo, as ações de contraespionagem, de contraterrorismo, de contrassabotagem e de desinformação visando prejudicar a atividade de Inteligência do concorrente.

Ambas não se confundem, sendo que a Inteligência possui características ofensivas e busca conhecimentos, já a contrainteligência é defensiva e visa negar conhecimento e impedir as ações de pessoas que buscam informações.

Conclusão:

A falta de um desses subsistemas abre uma porta para agressores que poderão se aproveitar de uma vulnerabilidade que é, em última análise, uma falha de gestão da segurança.

A Inteligência fornece as informações necessárias para a elaboração do planejamento e operações, de acordo com o nível do decisor.

A tecnologia é sem dúvida o melhor acessório da segurança, dissuadindo, dificultando, detectando, alarmando, etc.

Os meios organizacionais são aqueles que orientarão as decisões, para situações críticas. Hoje os meios organizacionais estão disponíveis em formatos cada vez mais amigáveis e intuitivos (nos casos de software), facilitando o usuário e isso tem se tornado cada vez mais comum, principalmente no nível operacional.

Porém, apesar de todo o avanço tecnológico que temos visto nos subsistemas citados, o mesmo deve ocorrer com os recursos humanos onde, em muitas situações, é deixado ao acaso, fazendo com que todo o sistema de segurança falhe.

Podemos ainda imaginar um sistema de segurança como se fosse uma corrente, onde os elos são os subsistemas e há um adágio muito conhecido no nosso segmento que diz que a corrente é tão forte quanto seu elo mais fraco.

COMO A INTELIGÊNCIA COMPETITIVA PODE AUXILIAR AS EMPRESAS EM ÉPOCAS DE CRISES

No mundo dos negócios a incerteza é a regra, mas a crise que atualmente estamos vivenciando nos faz buscar alternativas para os processos que já estavam em andamento e que agora nos mostram as urgências a serem atendidas, começando pela sobrevivência empresarial.

Muitos empresários deixam para pensar no futuro quando este chegar, com isso perdem oportunidades e, em muitos casos, perdem a empresa.

Identificar fatos portadores de futuro, atuar com Inteligência empresarial e conspirar para que as mudanças favoráveis ocorram, faz parte de qualquer negócio.

Aqui uma dica de Jack Welch, do seu livro "**Paixão por Vencer**" - Não raro os gestores perdem muito tempo no início da crise, negando a própria crise. Pule esta fase.

Esta é a importância de cultura comportamental e atitudes criadoras.

No livro de Clemente Nobrega, **"A Intrigante Ciência das Ideias que Dão Certo"** ele cita o Teorema de Ian Morris, que diz que a "mudança é causada pela preguiça, ambição e medo das pessoas que buscam maneiras mais vantajosas e segura de se fazer as coisas. Elas reagem pressionadas por necessidades induzidas por mudanças em suas geografias, e raramente sabem o que estão fazendo". Ele afirma, e dá vários exemplos, que a geografia no mundo empresarial são comportamentos e atitudes.

Inteligência Competitiva

A Inteligência Competitiva teve sua origem nos serviços de Inteligência de Estado que teve seu auge durante a guerra fria, na bipolarização dos dois sistemas de governo, sendo o capitalismo representado pelos EUA e o comunismo, este representado pela então União Soviética.

Com o fim da guerra fria, os espiões ficaram desempregados, literalmente, e muitos, com base nos conhecimentos adquiridos e nas metodologias das atividades de Inteligência, focaram seus esforços para as empresas.

É claro que a atividade de Inteligência passou por adaptações para se adequar a legislação e ética empresarial, deixando de ser espionagem e passando a fazer parte de atividades empresariais e hoje são partes integrantes de diversos cursos universitários, inclusive de pós-graduação.

Um detalhe importante e que é muito esquecido é que a Inteligência tem sua base de conhecimento na própria empresa.

São os diversos funcionários, principalmente os ligados a produção ou ainda aqueles que mantém contato direto com os clientes.

Por que eles são importantes? Porque eles possuem informações que podem ser absolutamente estratégicas para a empresa, mas que estão como um tesouro no fundo do mar, sem validade.

Falta um programa de incentivo à participação que faça a coleta dessas informações, analise-as de maneira apropriada, gerando informação acionável, ou seja, a Inteligência, para que as pessoas certas possam tomar suas decisões com base num processo interno de Inteligência.

Lembramos que o ciclo básico de Inteligência possui cinco fases distintas, sendo:

Planejar e identificar as necessidades de informação - Nesta fase se concebe o processo, seus objetivos e são identificadas as necessidades de Inteligência e quais as informações necessárias.

Coletar, processar a informação - Nesta fase são identificadas as fontes de informações relevantes, internas e externas, e o tipo de tratamento que será dado à informação para armazenamento.

Analisar e validar a informação - Nesta fase especialistas analisam e validam as informações, fazem a sua interpretação e compilam recomendações, transformando informação em Inteligência.

Disseminar e utilizar a informação - Esta é a fase onde se entrega a informação analisada, ou seja, a Inteligência, em um formato coerente e conveniente, aos tomadores de decisão.

A fase mais crítica é a da análise de Inteligência porque precisa de um analista preparado para elaborar de maneira que seja possível gerar ação a partir da informação analisada.

Um exemplo bastante conhecido sobre a importância do analista é aquela estória sobre o estudo de um gafanhoto.

O gafanhoto foi treinado para que, ao ouvir a palavra pule, ele pulasse.

Cirurgicamente retiraram uma das patas do gafanhoto e deram o comando pule e ele pulou.

Cirurgicamente retiraram todas as patas do gafanhoto e deram o comando de pule e ele não se moveu.

Conclusão do analista: ao retirar todas as patas do gafanhoto ele fica surdo.

Nesse caso, o analista fez a coleta das informações, mas fez a análise completamente errada.

Provavelmente o analista nunca viu um gafanhoto antes.

Peter Drucker e Michael Porter, afirmam que as empresas só sobreviverão se difundirem suas atividades de informação, tendo em vista a transferência do centro de gravidade operacional dentro das empresas. Esse centro de gravidade passou dos trabalhadores braçais para trabalhadores intelectuais.

O crescimento empresarial não está mais baseado nos músculos ou nas máquinas. Ele está na criatividade, na intangibilidade. É dentro desta visão que a Inteligência Competitiva passa a ser estratégica para ser inovadora. As organizações devem estar preparadas para adaptar-se às mudanças, garantindo sua sobrevivência.

Para finalizar deixo mais uma dica de Jack Welch, do mesmo livro: Adote uma atitude positiva e espalhe-a ao seu redor, nunca deixe se transformar em vítima e, pelo amor de Deus – divirta-se.

REFERÊNCIAS

Artigos de Cláudio dos Santos Moretti CES, ASE

A NECESSÁRIA ATUALIZAÇÃO DA SEGURANÇA PRIVADA DO BRASIL. ARTIGO PUBLICADO NO JORNAL DA SEGURANÇA Nº 208 DE DEZEMBRO DE 2011 (ATUALIZADO).

Quem é o responsável pela segurança empresarial? Artigo publicado no Jornal da Segurança nº 214 de junho de 2012.

A importância da certificação de segurança empresarial Artigo publicado no Jornal da Segurança nº 241 de setembro de 2014. (Atualizado)

A importância da liderança empresarial na pandemia. Artigo publicado na Revista do SESVESP nº 153 de agosto de 2020.

O Estatuto da Segurança Privada e o perfil dos profissionais. Artigo publicado no Linkedin do autor. https://www.linkedin.com/pulse/o-estatuto-da-seguran%C3%A7a-privada-e-perfil-dos-moretti-ces-ase/?published=t

Fraudes corporativas Artigo publicado no Jornal da Segurança nº 235 de março de 2014.

A importância da Lei Anticorrupção e as necessidades das empresas na prevenção Artigo publicado na Revista Gestão de Riscos nº 144 de agosto de 2020.

Investigação corporativa. Artigo publicado na Revista Gestão de Riscos nº 145 de setembro de 2020.

A importância do treinamento para o profissional de segurança Artigo publicado na Revista Segurança Eletrônica nº 13 de fevereiro de 2018.

Conheça algumas ferramentas da segurança empresarial Artigo publicado no Jornal da Segurança nº 190 de junho de 2010.

Sistema Integrado de Segurança – uma ferramenta do gestor de segurança. Artigo publicado na Revista Segurança Eletrônica nº 03 de abril de 2017.

A teoria da janela quebrada e suas aplicações nas organizações. Artigo publicado no Jornal da Segurança nº 228 de agosto de 2013.

Aplicação da teoria do círculo concêntrico na segurança física Artigo publicado no site netseg.com.br (https://www.netseg.com.br/not.php?id=7473) em 09 de julho de 2018.

O triângulo do crime e o posicionamento da equipe de segurança. Artigo publicado no Jornal da Segurança nº 278 de outubro de 2017.

O controle de acesso como segurança física Artigo publicado no Jornal da Segurança nº 225 de maio de 2013.

Equipamentos eletrônicos impulsionam mercado de segurança Artigo publicado no Jornal da Segurança nº 162 de fevereiro de 2008.

Como o novo estatuto da segurança privada afetará as empresas de segurança eletrônica Artigo publicado na revista Segurança Eletrônica nº 18 de julho de 2018.

A cotidiana sensação de insegurança Artigo publicado no Jornal da Segurança nº 233 de janeiro de 2014.

Manifestações e a convivência social Artigo publicado no Jornal da Segurança nº 231 de novembro de 2013.

A segurança pública é compartilhada. Artigo publicado no Jornal da Segurança nº 219 de novembro de 2012.

Luta inglória. Artigo publicado no Jornal da Segurança nº 257 de janeiro de 2016.

Breve histórico do crime organizado Artigo publicado no Jornal da Segurança nº 220 de dezembro de 2012.

Breve histórico da inteligência. Artigo publicado no Linkedin do autor.
https://www.linkedin.com/feed/update/urn:li:activity:67084 04593799245825/ em 06.09.2020.

Cenários em segurança: visão prospectiva. Artigo publicado na Revista Proteger. Edição nº 48 de março/abril de 2005.

Conceitos de atividade de inteligência Artigo publicado no Jornal da Segurança nº 216 de agosto de 2012.

A inteligência empresarial no sistema integrado de segurança Artigo publicado no Jornal da Segurança nº 213 de maio de 2012.

Como a Inteligência Competitiva pode auxiliar as empresas em épocas de crises. Artigo publicado no Jornal da Segurança nº 254 de outubro de 2015.

OUTRAS REFERÊNCIAS CITADAS

BRASIL. Decreto-lei nº 1.034, de 21 de outubro de 1969. [Revogado pela Lei nº 7.102, de 1983] dispunha sobre medidas de segurança para Instituições Bancárias, Caixas Econômicas e Cooperativas de Créditos, e dava outras providências. Diário Oficial da União, Poder Executivo, 21 out. 1969. p. 8952.

______. Lei nº 7.102, de 20 de junho de 1983. Dispõe sobre segurança para estabelecimentos financeiros, estabelece normas para constituição e funcionamento das empresas particulares que exploram serviços de vigilância e de transporte de valores, e dá outras providências. Diário Oficial da União, Poder Executivo, 21 jun. 1983. p. 10737.

______. Lei nº 8.863, de 28 de março de 1994. Altera a Lei nº 7.102, de 20 de junho de 1983. Diário Oficial da União, Poder Legislativo, 29 mar. 1994. p. 4553.

______. Lei nº 9.017 de 30 de março de 1995. Estabelece normas de controle e fiscalização sobre produtos e insumos químicos que possam ser destinados à elaboração da cocaína em suas diversas formas e de outras substâncias entorpecentes ou que determinem dependência física ou psíquica, e altera dispositivos da Lei nº 7.102, de 20 de junho de 1983, que dispõe sobre segurança para estabelecimentos financeiros, estabelece normas para constituição e funcionamento de empresas particulares que explorem serviços de vigilância e de transporte de valores, e dá outras providências. Diário Oficial da União, Poder Executivo, 31 mar. 1995. p. 4575.

______. Medida provisória nº 2.116-19, de 24 de maio de 2001. Assegura percepção de gratificação por servidores das carreiras Policial Federal, Delegado de Polícia do Distrito Federal, de Polícia Civil do Distrito Federal, Policial Rodoviário Federal, altera as Leis nºs 4.878, de 3 de dezembro de 1965, 5.619, de 3 de novembro de 1970, 5.906, de 23 de julho de 1973, 7.102, de 20 de junho de 1983, e dá outras providências. Diário Oficial da União, Poder Executivo, 25 maio 2001. Seção 1 - eletrônico, p. 32.

______. Portaria 3.233, de 10 de dezembro de 2012. [Alterada pela Portaria nº 3.258/2013 – DG/DPF, publicada no D.O.U em 14/01/2013] dispõe sobre as normas relacionadas às atividades de Segurança Privada. Diário Oficial da União, Ministério da Justiça, 14 jan. 2013 [data de publicação da alteração feita pela Portaria nº 3.258/2013].

______. SUBCHEFIA PARA ASSUNTOS JURÍDICOS. Lei nº 12.846, de1º de agosto de 2013. Disponível em: http://www.planalto.gov.br/ccivil_03/_ato2011-2014/2013/lei/l12846.htm

______. Decreto nº 8.420, de 18 de março de 2015. Disponível em: **http://www.planalto.gov.br/ccivil_03/_Ato2015-2018/2015/Decreto/D8420.htm**

______. MINISTRO DEESTADO CHEFE DA CONTROLADORIA-GERAL DA UNIÃO. Portaria CGU nº 909, de 7 de abril de 2015. Disponível em: http://www.cgu.gov.br/sobre/legislacao/arquivos/portarias/portaria_cgu_909_2015.pdf

________. Portaria CGU nº 910, de 7 de abril de 2015.

________. Instrução nº 2, de 7 de abril de 2015.

MITNICK, Kevin D.; SIMON, William L. **A Arte de Enganar: Ataques de Hackers: Controlando o Fator Humano na Segurança da Informação.** Editora Pearson Universidades. São Paulo, 2003.

HUNTER, James C.**O Monge e o Executivo - uma história sobre a essência da liderança.** Editora Sextante. Rio de janeiro. 1998.

Platão. André Malta (tradutor) **A República.** Editora. L&PM Pocket. Porto Alegre. 2008.

BLANCHARD, Ken; Spencer Johnson. **O Gerente Minuto** (8ª edição) Editora Record. Rio de Janeiro. 2005

DRUCKER Peter. **O melhor de Peter Drucker: A administração.** Editora Nobel. São Paulo. 2001.

CORTELLA, Mario Sergio - Mandelli, Pedro. **Vida e Carreira: um equilíbrio possível?** Editora Papirus 7 Mares. Campinas, SP. 2013.

LUCCA, Diógenes. **Diário de um Policial – o submundo do crime narrado por um comandante do GATE.** Editora Planeta. São Paulo. 2016.

BAUMAN Zygmunt, **A Cultura no Mundo Líquido Moderno.** Editora Zahar. Rio de Janeiro.2013.

BRASILIANO, Antonio Celso Ribeiro, **Inteligência em Risco**. Editora Sicurezza. São Paulo. 2016.

TALEB, Nassim Nicholas. **A Lógica do Cisne Negro.** Editora Best Business. Rio de Janeiro. 2008.

GIULIANI, Rudolph. O **LÍDER: Autobiografia. O Famoso Prefeito Nova York**. Editora Elsevier. São Paulo. 2002.

ALMEIDA, Antonio Carlos. **A Cabeça do Brasileiro.** Editora: Record; 8ª Edição. Rio de Janeiro. 2007.

Brasiliano, Antonio Celso Ribeiro. **Planejamento da Segurança Empresarial – Metodologia e Implantação.** Editora Sicurezza. São Paulo. 1999.

TOFLER, Alvin. **A Terceira Onda.** Editora Record. Rio de Janeiro. 1981.

MINGARDI, Guaracy. **O Estado e o Crime Organizado.** Edição IBCCRIM. 1998.

SOUZA, Percival de. **Narcoditadura.** Editora Planeta. São Paulo. 2002.

BARBEIRO, Heródoto. **O Relatório da CIA como será o Mundo em 2020**. Editora Ediouro. Rio de Janeiro. 2006.

SANTOS, Marco Antonio dos e Jacinto Rodrigues Franco **A Atividade de Inteligência na Segurança para o Século XXI.** Editora Pro Spect Intelligence. Brasília. 2011.

BESSA, Jorge. **A Contraespionagem Brasileira na Guerra Fria.** Editora Thesaurus. Brasília. 2009.

FULD, Leonard. M. **Inteligência Competitiva – Como se Manter à frente dos Movimentos da Concorrência e do Mercado.** Editora Elsevier. São Paulo. 2007.

PLATT, Washington. **A produção de informações estratégicas.** Editora: Biblioteca do Exército. Rio de Janeiro.1974.

GOMES, Elisabeth e Fabiane Bragano. **Inteligência Competitiva – Como Transformar Informação em um Negócio Lucrativo** Editora Campus. São Paulo. 2001.

WELCH, Jack E Suzi Welch. **Paixão por Vencer.** Editora Alta Books. Rio de Janeiro. 2005.

NOBREGA, Clemente. **A Intrigante Ciência das Ideias que Dão Certo.** Editora Alta Books. Rio de Janeiro. 2015.

MARCIAL, Eliane Coutinho e Raul Jose dos Santos Grumbach. **Cenários Prospectivos: Como Construir um Futuro Melhor.** Editora FGV. Rio de Janeiro. 2003.

SANCTIS, Fausto Martin de. **Crime Organizado e Lavagem de dinheiro**. Editora Saraiva. São Paulo. 2009.

MARCIAL, Elaine Coutinho e Alfredo José Lopes Costa, MarcSite Universidade Regional do Noroeste do Estado do Rio Grande do Sul – UNIJUI -

(http://www.unijui.tche.br/dead/epo/) Site da Internet, acesso em 20/07/04. Artigo: **O uso de cenários prospectivos na de cenários prospectivos na estratégia empresarial: vidência especulativa ou inteligência competitiva** - ENANPAD01-ESO-152.doc.

__________, Elaine Coutinho – Dissertação. Université de Droite et Des Sciences D'aix – Marseille. Faculté des Sciences et Techniques de Saint Jérome - Centre de Recherches Rétrospectives de Marseille – CRRM 13397 - Marseille - Cedex 20 – France. **Aplicação de Metodologia de Cenários no Banco do Brasil no Contexto da Inteligência Competitiva.**

PORTER, Michael E., **Vantagem Competitiva**. Tradução: Elizabeth Maria de Pinho Braga. Revisão técnica: Jorge A. Garcia Gomes. Rio de Janeiro: Ed. Campus, 1989 – 25ª edição.

WILLEEKE, Robert. (www.abraic.org.br) Site da Internet, acesso 10/07/04. Artigo: **Cenários Prospectivos no Contexto Empresarial de Inteligência.**

SCHWARTZ, Peter. **A arte da Visão de Longo Prazo: Caminhos para um Insight Estratégico para Você e sua Empresa**, tradução Luiz Fernando M. Esteves. 2ª ed. – São Paulo: Nova Cultura, 2003.

OUTROS LIVROS DO AUTOR

Coletânea Gestão de Riscos Empresariais

Este material foi elaborado a partir das diversas publicações pelo autor no Jornal da Segurança, na Revista Gestão de Riscos e do SESVESP com temas relacionados à Gestão de Riscos Empresariais;

Nele você encontrará os métodos de análise de riscos mais utilizados no Brasil, como o método estatístico, Mosler, T. Fine e o método básico Brasiliano.

Os artigos sofreram pequenos ajustes a fim de atualiza-los sobre os temas e, principalmente por conta da publicação da ISO/NBR 31000 e 31010, nos casos dos artigos que foram publicados antes destas normas.

Também foram editados em sequência mais sistêmica com o objetivo de facilitar o entendimento e não na ordem cronológica em que foram publicados.

O objetivo deste material é auxiliar o gestor de segurança iniciante, principalmente, para desenvolvimento e aprofundamento nesta matéria, com conceitos e apresentação de alguns métodos de análise de riscos que possibilitem a elaboração de um plano tático de segurança da sua área de atuação, haja vista que a gestão de riscos é aplicável a qualquer tipo de negócio. Além do plano de segurança, após a análise e avaliação dos riscos, poderá ser utilizado, de acordo com o negócio e apetite ao risco, para a elaboração dos planos de emergências e/ou de continuidade do negócio.

Coletânea Gerenciamento de Crises

Este E-book foi elaborado a partir de diversos artigos publicados no Jornal da Segurança e na Revista Gestão de Riscos e tratam de um tema muito importante para todos os profissionais de segurança, que é o gerenciamento de crises empresariais, o qual está ligado diretamente ao tema do E-book anterior que é a gestão de riscos. É a partir da avaliação de riscos que a empresa decidirá sobre aqueles riscos mais críticos para o negócio e que necessitam de uma resposta imediata, preparada e treinada para determinados riscos.

Os planos de emergência e de continuidade do negócio buscam diminuir os impactos causados por determinados riscos identificados.

O objetivo desta coletânea é o de contribuir, ainda que modestamente, com o desenvolvimento da área da segurança privada, principalmente aos estudantes de gestão de segurança e aos gestores formados.

A segurança Privada no Brasil – histórico e evolução

Este livro tem como objetivo dar diversos esclarecimentos quanto a atividade de segurança privada no Brasil, desde o início, com seu histórico de "nascimento" no contexto regulatório, em 1969 e suas aplicações e mudanças de lá até os tempos atuais, em 2020.

Nesse período a legislação aperfeiçoou a fiscalização e o preparo dos seus profissionais, os vigilantes.

Também, num período mais recente, surge a necessidade de formar o gestor, formalmente, nas universidades.

Observamos que, ainda de maneira formal, os profissionais de segurança, seja na sua atuação de supervisão, gestão ou direção, buscam cada vez mais, o aprimoramento, seja através de cursos de extensão universitária, especializações como pós-graduação e MBA mas também pela busca de certificações que possam comprovar seu aprimoramento neste segmento.

A atividade de segurança privada ainda aguarda a promulgação de uma legislação mais atualizada e que poderá dar início a uma nova era desta atividade tão importante no Brasil.

Com ela, espera-se a diminuição da atividade clandestina, que traz enormes perdas para o mercado de segurança e para os profissionais, realmente habilitados para trabalharem neste segmento.

O Brasil ainda tem muito para desenvolver nesta área e a convergência dos interesses dos empresários, profissionais de segurança e das autoridades que estão trabalhando no sentido de dar as melhores soluções, legislativa, de gestão, de uso de tecnologia e de formação profissional para auxiliar na segurança que a sociedade precisa e merece.

Segurança das Informações – as pessoas são o elo mais fraco

Este compendio foi elaborado a partir de diversas publicações de minha autoria nas mídias especializadas em Segurança Empresarial, como por exemplo, o Jornal da Segurança e a revista Gestão de Riscos.

O tema refere-se a importância das informações no contexto empresarial e pessoal com foco no desenvolvimento da cultura organizacional e conscientização das pessoas.

Apesar de fazer algumas referências a intrusão no sistema computacional ou invasão realizada por hackers, o ponto focal desta obra são as formas de atuação dos engenheiros sociais e as vulnerabilidades que são expostas através do elo mais fraco neste processo – as pessoas.

Portanto, não se trata de softwares, antivírus ou firewall e sim de educação nos procedimentos básicos de segurança das informações que residem na falta de cultura de proteção das pessoas.

Além disso, introduzi dois capítulos sobre o avanço tecnológico no setor de segurança privada.

Boa leitura!

Claudio_moretti@uol.com.br